THÉORIE

DE LA MUSIQUE

THÉORIE

DE LA

MUSIQUE

DÉDUITE

DE LA CONSIDÉRATION DES NOMBRES RELATIFS DE VIBRATIONS

PAR

D. DELOCHE

ANCIEN ÉLÈVE DE L'ÉCOLE NORMALE, AGRÉGÉ DES SCIENCES, ANCIEN RECTEUR,
INSPECTEUR D'ACADÉMIE, CHEVALIER DE LA LÉGION D'HONNEUR.

PARIS

ÉTIENNE GIRAUD, LIBRAIRE-ÉDITEUR

RUE DAUPHINE, 16.

1857

AVIGNON, TYPOGRAPHIE DE FR. SEGUIN AÎNÉ, RUE BOUQUERIE, 13,

INTRODUCTION.

—

EXPOSÉ DES FAITS MUSICAUX

CONSTATÉS PAR L'EXPÉRIENCE

La Musique comprend deux parties distinctes : la *mélodie*, ou la succession des sons pris isolément, et l'*harmonie*, ou la succession de certaines combinaisons de sons simultanés auxquelles on donne le nom d'*accords*.

L'usage de l'harmonie ne remonte pas au delà du XIIe siècle, et ne s'est répandu que parmi les nations civilisées de l'Europe. La mélodie, au contraire, a été pratiquée dans tous les siècles et chez tous les peuples, en empruntant les sons qu'elle emploie à des *échelles* , ou *gammes*, qui varient suivant les temps et suivant les lieux.

Parmi tous ces systèmes musicaux , il en est un qui appelle plus particulièrement l'attention : c'est celui des anciens Grecs, qui est bien connu, et qui renferme, comme cas particuliers, les échelles du chant ecclésiastique, et celles des nations européennes et modernes. Nous allons exposer sommairement la constitution de ce système général. Nous indiquerons ensuite les caractères distinctifs des gammes du plain-chant et de la musique moderne, en notant les singularités que présente l'emploi de ces deux derniers genres d'échelles. Nous rappellerons enfin les faits principaux de l'harmonie, et nous aurons ainsi le résumé complet des phénomènes musicaux constatés par l'expérience.

Avant d'entrer en matière, il est nécessaire de définir exactement quelques intervalles musicaux dont nous aurons à parler.

A cet effet, imaginons d'abord deux cordes métalliques de même nature, de même grosseur, également tendues, mais de longueurs telles que l'une soit exactement la *moitié* de l'autre. Le son rendu par la plus courte est dit l'*octave* du son rendu par la plus longue.

Supposons actuellement trois cordes ayant même nature, même grosseur et même tension, mais dont la seconde soit les trois quarts, et la troisième, la moitié de la première. Le son de la corde N° 2, sera la *quarte* du son de la corde N° 1, et le son de la corde N° 3, qui, pour la longueur, est les deux tiers de la corde N° 2, sera la quinte de cette dernière. D'où l'on voit que l'intervalle d'octave est la somme des deux intervalles de quarte et de quinte.

Si, dans le système des trois cordes de l'expérience précédente, qui sont censées disposées par ordre de longueur, on allongeait la corde N° 3, jusqu'à ce qu'elle fût devenue les *deux tiers* de la corde N° 1 (la corde N° 2 étant toujours à la quarte de cette dernière), la corde N° 3 serait, d'après ce qui vient d'être dit, la quinte de la corde N° 1. Mais les longueurs des deux cordes N° 2 et N° 3, seraient entre elles comme *deux tiers* est à *trois quarts*, c'est-à-dire comme *huit* est à *neuf*, et formeraient l'intervalle musical qu'on nomme un *ton*. On peut dire aussi que le ton est l'excès de la quinte sur la quarte.

En insérant entre deux cordes, dont les sons diffèrent d'un ton, une corde intermédiaire dont la longueur soit une moyenne géométrique entre les longueurs des deux cordes extrèmes, on partagerait le ton en deux *demi-tons*. On le partagerait en trois *tiers* de ton, en quatre *quarts* de ton..... en insérant entre les deux cordes primitives, deux cordes, trois cordes.... ayant pour longueurs les valeurs de deux, de trois.... moyens géométriques.

Tout intervalle musical peut être donné par deux cordes de même nature, de même grosseur, de même tension, et de différentes longueurs. Il peut être également obtenu avec deux cordes dont on ferait varier seulement la tension ou la grosseur ou la nature. Mais, en exprimant un intervalle par le rapport des longueurs de deux cordes , on a un moyen plus simple de le définir. C'est ce moyen que nous adoptons, et quand nous disons, par exemple, qu'un intervalle est égal à $\frac{8}{7}$, il faut entendre que cet intervalle , de quelque manière qu'il soit obtenu , serait produit par deux cordes dont l'une aurait pour longueur les $\frac{7}{8}$ de la longueur de l'autre , toutes les autres conditions restant les mêmes.

Il est facile maintenant de présenter l'ensemble des phénomènes musicaux généralement admis soit dans la mélodie, soit dans l'harmonie.

I

MÉLODIE.

Le système musical des Grecs avait pour base le *tétracorde* , qui se composait de quatre cordes , dont deux fixes , à la quarte l'une de l'autre, et deux mobiles, placées entre les deux précédentes. La corde fixe la plus grave se nommait l'*hypate*, et on appelait *nète* la plus haute. Des deux cordes mobiles, la plus voisine de l'hypate était la *parhypate*, et la plus voisine de la nète, la *paranète*, ou la corde *li-*

chanos, c'est-à-dire *l'indicatrice*. Les deux cordes mobiles pouvaient d'ailleurs se rapprocher ou s'éloigner de l'hypate, sous les conditions suivantes : 1° Que l'intervalle de la parhypate à l'hypate ne fût pas sensiblement au-dessus d'un quart de ton ; 2° que l'intervalle de la parhypate à la paranète ne fût jamais sensiblement plus petit que l'intervalle précédent ; 3° que le dernier intervalle du tétracorde, l'intervalle aigu, ne fût sensiblement ni au-dessous d'un ton, ni au-dessus de deux tons. Du reste chaque position de l'hypate et de l'indicatrice déterminait un *genre*, de sorte que deux genres étaient différents, lorsque ces deux cordes, ou même l'une des deux, n'avaient pas la même intonation.

Le genre était dit *pycné* ou *condensé*, lorsque la somme des deux intervalles graves, de l'hypate à la parhypate, et de la parhypate à l'indicatrice, somme qui s'appelait *pycnum*, était moindre que l'intervalle aigu de l'indicatrice à la nète.

Les genres non pycnés étaient désignés sous le nom de genres *diatoniques*. Le genre pycné prenait le nom *d'enharmonique* ou de *chromatique*, suivant que le pycnum était ou n'était pas moindre que deux tiers de ton.

Voilà quel était le système musical des Grecs dans sa simplicité primitive. Mais, dans la suite, il vint à s'étendre et à se compléter. Alors, deux tétracordes semblables furent disposés l'un à la suite de l'autre, et, comme ces deux quartes réunies étaient plus petites d'un ton que l'octave, on ajouta à ce système, au-dessous des deux quartes, un ton supplémentaire, au moyen d'une corde nouvelle appelée *proslambanomène.*

On eut alors une octave complète formant un genre, dont chaque son pouvait servir de son initial, ou, en d'autres termes, qui pouvait s'employer dans tous ses *modes.*

Parmi ces modes, il s'en trouvait nécessairement un où le ton complémentaire était au-dessus des deux tétracordes, et un autre où ce ton était entre les deux. Dans le premier cas, comme dans le mode initial, les deux tétracordes étaient *conjoints;* ils étaient *disjoints* dans le second.

Voici, du reste, le tableau des genres musicaux des Grecs suivant les divers auteurs. (1)

(1) Notices et Manuscrits, p. 400

GENRES ET NUANCES suivant LES DIVERS AUTEURS.	INTERVALLES MÉLODIQUES compris dans chaque tétracorde entre		
	l'hypate et la parhypate.	la parhypate et la paranète.	la paranète et la nète.
Archytas. Diatonique	$\frac{28}{27}$	$\frac{8}{7}$	$\frac{9}{8}$
Chromatique	$\frac{28}{27}$	$\frac{243}{224}$	$\frac{32}{27}$
Enharmonique	$\frac{28}{27}$	$\frac{36}{35}$	$\frac{5}{4}$
Eratosthène. Diatonique	$\frac{256}{243}$	$\frac{9}{8}$	$\frac{9}{8}$
Chromatique	$\frac{20}{19}$	$\frac{19}{18}$	$\frac{6}{5}$
Enharmonique	$\frac{40}{39}$	$\frac{39}{38}$	$\frac{19}{15}$
Didyme. Diatonique	$\frac{16}{15}$	$\frac{10}{9}$	$\frac{9}{8}$
Chromatique	$\frac{16}{15}$	$\frac{25}{24}$	$\frac{6}{5}$
Enharmonique	$\frac{32}{31}$	$\frac{31}{30}$	$\frac{5}{4}$
Aristoxène. Diatonique dur	(12)	(24)	(24)
Diatonique mou	(12)	(18)	(30)
Chromatique dur	(12)	(12)	(36)
Chromatique moyen	(9)	(9)	(42)
Chromatique mou	(8)	(8)	(44)
Enharmonique	(6)	(6)	(48)
Ptolémée. Diatonique égal	$\frac{12}{11}$	$\frac{11}{10}$	$\frac{10}{9}$
Diatonique dur	$\frac{16}{15}$	$\frac{9}{8}$	$\frac{10}{9}$
Diatonique ditonié	$\frac{256}{243}$	$\frac{9}{8}$	$\frac{9}{8}$
Diatonique tonié	$\frac{28}{27}$	$\frac{8}{7}$	$\frac{9}{8}$
Diatonique mou	$\frac{21}{20}$	$\frac{10}{9}$	$\frac{8}{7}$
Chromatique dur	$\frac{22}{21}$	$\frac{12}{11}$	$\frac{7}{6}$
Chromatique mou	$\frac{28}{27}$	$\frac{15}{14}$	$\frac{6}{5}$

L'Église latine ne conserva de la musique grecque que le genre diatonique, employé dans ses sept modes, et formant ainsi les *sept tons du plain-chant*. Chaque ton était, en outre, pratiqué de deux manières différentes, ce qui lui faisait donner le nom d'*authente*, ou de *plagal*.

Quant au genre diatonique adopté dans le chant ecclésiastique, il paraît hors de doute que ce fut celui de Pythagore, ou de Platon (1), dans lequel l'octave est composée de cinq intervalles d'un ton chacun, et de deux intervalles plus petits, égaux entre eux et valant chacun $\frac{256}{243}$.

Une particularité du chant ecclésiastique, c'est l'effet intolérable produit par le *triton*, ou l'intervalle de trois tons, *fa-si*. Toutes les fois que cet intervalle, qu'on nommait *diabolus in musica*, se présentait dans un chant, il fallait absolument l'éviter, et c'est à quoi on parvenait ordinairement en bémolisant le *si*; c'est-à-dire en abaissant cette note d'une quantité égale à la différence entre un grand et un petit intervalle de la gamme.

Vers le XIIᵉ siècle, la musique subit une nouvelle transformation. La gamme n'eut plus que deux modes : le mode *majeur* et le mode *mineur*, qui, lorsqu'on monte de la tonique à l'octave, ne diffèrent l'un de l'autre que par la valeur de la 3ᵉ note, ou la *tierce*, qui est

(1) Comptes rendus de l'Académie des Sciences, tome XLI.

majeure ou mineure, c'est-à-dire plus grande dans le premier mode que dans le second, et qui, en descendant de l'octave à la tonique, diffèrent non-seulement par la 3e note ou la tierce, mais encore par la 6e et la 7e qui sont *majeures* ou *mineures*, c'est-à-dire plus grandes dans le mode majeur que dans le mode mineur.

L'espèce de genre diatonique de la tonalité moderne, n'est pas d'ailleurs celle de la tonalité du plain-chant. L'usage de l'harmonie a fait substituer au diatonique de Pythagore le diatonique dur de Ptolémée, dans lequel se trouvent des tons majeurs égaux à $\frac{9}{8}$ et des tons mineurs égaux à $\frac{10}{9}$, avec des demi-tons égaux à $\frac{16}{15}$. (1)

Les valeurs numériques assignées aux notes des gammes anciennes et modernes ne sont rigoureusement exigées par l'oreille que dans le cas d'un examen attentif et réfléchi. Dans la pratique ordinaire, l'organe est inhabile à discerner des altérations légères, et c'est ce qui permet de *tempérer* les instruments à sons fixes, c'est-à-dire d'altérer chaque note de manière à ce qu'en partant d'une note quelconque, prise pour tonique, on puisse trouver tous les degrés de la gamme.

La gamme moderne présente deux singularités. L'une consiste en ce que l'intervalle du

(1) Comptes rendus de l'Académie des Sciences, tome XLI.

ré à l'*ut*, qui est représenté ordinairement par un ton majeur $\left(\frac{9}{8}\right)$, a été reconnu, dans certaines expériences très-exactes, être égal à un ton mineur $\left(\frac{10}{9}\right)$. (1)

L'autre singularité tient à la valeur relative du dièse et du bémol placés entre deux notes distantes d'un ton. Tous les artistes savent que, dans ce cas, le dièse est plus aigu que le bémol. Or, on a trouvé par des expériences directes que *fa dièse*, considéré comme la 7ᵉ note d'une gamme majeure en *sol*, est plus bas que *sol bémol*, considéré comme l'octave d'une gamme majeure dont *fa* est la 7ᵉ note. (2)

Cette contradiction apparente s'explique, suivant M. Vincent, de l'Institut (3), en admettant que le dièse ne manifeste une note ascendante, et le bémol une note descendante qu'autant que ces notes sont transitoires ou altérées, tandis que, lorsqu'elles sont des degrés constitutifs de la gamme, le dièse est plus grave que le bémol.

Pour terminer l'exposé des phénomènes musicaux qui concernent la mélodie, il reste à faire remarquer que, si l'on appelle *gamme* l'échelle des sons qui peuvent être employés convenablement dans un morceau de chant, il faut admettre qu'on peut former des gammes de moins de sept sons.

(1) Mémoires de la Société de Lille, année 1850.
(2) Mémoires de la Société de Lille, année 1855.
(3) Comptes rendus de l'Académie des sciences, tome XLI.

En effet, au dire de Plutarque, les deux plus célèbres musiciens de l'antiquité, Olympe et Terpandre, ne se servaient jamais que de trois notes ; les chants de la Préface de la messe et de l'Oraison Dominicale n'ont que trois ou quatre notes, et, parmi les airs profanes, il y en a qui n'ont que six notes, d'autres que cinq, d'autres que quatre. Il en est même qui n'en ont que trois, comme la romance de J. J. Rousseau.

II

HARMONIE.

L'un des faits fondamentaux de l'harmonie, c'est que parmi toutes les combinaisons de sons simultanés que l'on peut faire, il n'en est que deux qui soient consonnantes, c'est-à-dire parfaitement agréables à l'oreille. Ces deux combinaisons portent le nom d'*accords parfaits ;* elles sont composées de la tonique, de la tierce et de la quinte, et, suivant que la tierce est majeure ou mineure, l'accord parfait est dit *majeur* ou *mineur*. Tous les autres accords sont plus ou moins dissonnants.

Les accords dissonnants peuvent cependant être acceptés par l'oreille au moyen d'une *préparation*, qui consiste à les faire précéder par des accords consonnants ou préparés eux-mêmes, qui aient certaines notes communes avec ceux qu'ils préparent.

Il n'y a pas que les accords dissonnants qui aient besoin de préparation. On est quelquefois obligé de préparer la quarte juste , qui est un intervalle aussi consonnant que la quinte. C'est là encore un des faits singuliers de la musique.

Les accords s'enchaînent les uns aux autres, et finissent par aboutir à un accord parfait. Cette *résolution* est soumise à des règles qui varient suivant les cas particuliers que l'on traite. Mais il y a lieu de mentionner ici un emploi nouveau et inattendu du quart de ton , dont on peut donner l'idée, en disant que dans l'enchaînement et la résolution des accords, on peut faire par quarts de ton ce que d'ordinaire on fait par demi-tons. C'est à M. Vincent, de l'Institut que cette découverte est due. Les expériences qu'il a faites pour la démontrer lui sont communes avec des artistes distingués. M. Halevy lui-même a reconnu les propriétés harmoniques du quart de ton, après avoir fait usage de la gamme enharmonique des Grecs dans son *Prométhée.* (1)

En résumant l'exposé qui précède , on voit, d'une part, plusieurs genres musicaux donnant lieu à diverses échelles de sons dont la mélodie peut faire usage. On reconnaît , d'au-

(1) Gazette musicale du 2 avril 1854.

tre part, qu'il existe des accords consonnants par eux-mêmes, et d'autres accords qui peuvent être préparés de manière à faire un bon effet, quoique dissonnants; que ces divers accords peuvent s'enchaîner les uns aux autres et se résoudre sur un accord consonnant de manière à former un ensemble dans lequel l'oreille se complaise. La théorie de la musique, dans son sens le plus général, consiste en conséquence à trouver les principes d'où découlent dans tous leurs détails les faits de l'une et de l'autre espèce.

Ce n'est pas cependant à ce point de vue général que se sont placés jusqu'à ce jour les théoriciens, à l'exception d'Euler. Ils n'ont considéré que le cas particulier de la gamme en usage dans l'Europe moderne, et en général ils ont pris, pour point de départ de leurs spéculations, la coexistence des sons qui accompagnent le son principal rendu par un corps sonore. Les résultats de ces théories, quand ils ne sont pas forcés dans leur déduction, ne sont pas sanctionnés par la pratique. Du reste, les expériences de Chladni sur les vibrations des corps, en montrant que les lois de vibrations changent avec la nature du corps que l'on considère, ont suffisamment démontré la stérilité de ce genre de recherches.

Euler a pris la question dans le sens le plus

étendu. (1) Mais sa théorie, si ingénieuse et si simple, conduit à des conséquences démenties par l'expérience.

Sans entrer dans les détails, nous en donnerons une idée suffisante, en disant qu'elle regarde la simplicité des rapports des nombres de vibrations comme la cause de la consonnance des séries de sons, et qu'elle aboutit à la règle suivante, pour apprécier le *degré de suavité* d'une série, laquelle est d'autant plus agréable à l'oreille, que ce degré est plus petit.

1° *L'exposant de suavité* d'une série de sons, exprimés par leurs nombres relatifs de vibrations, est le plus petit multiple commun de ces nombres, ramenés à des nombres entiers, premiers entre eux.

2° Pour avoir le *degré* de suavité de la série, il suffit de décomposer l'exposant de suavité en facteurs premiers, de faire la somme de ces facteurs, et de retrancher de cette somme autant d'unités moins une qu'il y a de facteurs.

Par exemple, veut-on avoir le degré de suavité de la série de sons représentée par les nombres 4 : 5 : 6, qui est l'accord parfait majeur ? On prendra le plus petit multiple commun, 60, de ces trois nombres ; on décomposera 60 en ses facteurs premiers 2 , 2 , 3 , 5 ; on fera la somme de ces facteurs ; de

____

(1) *Tentamen novæ theoriæ musicæ.*

la somme , 12 , on retranchera 3 unités, et le reste , 9 , sera le degré de suavité cherché.

On a déjà remarqué que, si cette règle était exacte, l'intervalle de seconde 8 : 9 , aurait un degré de suavité représenté par 8, comme la tierce mineure 6 : 5 , d'où il résulterait que l'intervalle de seconde serait aussi consonnant que la tierce mineure et plus consonnant que l'accord parfait majeur.

On pourrait élever contre la règle d'Euler une difficulté d'un autre genre et non moins sérieuse. Si l'on altère d'une quantité , même très-petite , l'un des sons d'une série , son degré de suavité pourra être extrèmement augmenté. Si ensuite on substitue à cette altération une autre altération encore plus légère, on pourra s'arranger de manière à élever de beaucoup l'exposant de suavité , et par suite à augmenter considérablement le degré de suavité de la série, de sorte qu'on arriverait à cette conséquence singulière qu'on peut augmenter de plus en plus le degré de suavité d'une série de sons déjà altérés , c'està-dire, la rendre de plus en plus désagréable à entendre , à mesure qu'on rend de plus en plus faible l'altération des sons qui la composent.

Soit , par exemple, l'accord parfait majeur 4 : 5 : 6, dont le degré de suavité est 9. Si l'on augmente la tierce dans le rapport $\frac{81}{80}$, le degré de suavité sera 21 , et il deviendra

157, si on n'augmente cet intervalle que dans le rapport $\frac{178}{177}$.

De ce qui précède, il résulte que le problème de la théorie de la musique n'a pas encore été résolu, même dans le cas particulier de la gamme européenne et moderne.

La solution que nous allons présenter embrasse tous les faits soit de la mélodie, soit de l'harmonie. Les principes sur lesquels elle s'appuie ne sont pas plus susceptibles d'être démontrés à priori, que ceux de la théorie d'Euler ; mais ils sont vérifiés par leurs conséquences, toutes conformes aux règles de la pratique.

CHAPITRE PREMIER.

—

PRINCIPES FONDAMENTAUX.

INTERVALLES MUSICAUX.

On donne le nom de *son musical* à tout son assez
nettement perçu pour qu'on puisse évaluer, à l'aide de
procédés particuliers, le nombre des vibrations exécutées
par le corps sonore dans l'unité de temps. Ce nombre
de vibrations, qui augmente à mesure que le son monte,
sert à le définir, quand on fait abstraction de l'intensité
et du timbre.

La sensation du son ne s'éteint pas aussitôt qu'il cesse
de se faire entendre ; de sorte que, lorsque plusieurs
sons se succèdent, ils peuvent coexister pendant un certain temps dans l'organe de l'ouïe.

Nous désignons par le nom d'*intervalle*, la sensation
particulière qui résulte de la coexistence de deux sons
dans l'organe de l'ouïe, soit que ces deux sons aient été
produits simultanément, soit que l'émission de l'un ait
succédé à celle de l'autre.

On appelle *intervalles consonnants*, ou *consonnances*,
les intervalles agréables à l'oreille, et *intervalles disson-*

nants, ou *dissonnances,* ceux qui l'affectent d'une manière plus ou moins désagréable.

L'expérience prouve que la nature d'un intervalle ne dépend que de la hauteur relative des sons qui le produisent, et nullement de leur hauteur absolue : c'est-à-dire, que tous les systèmes de deux sons, dont les nombres de vibrations ont entre eux le même rapport, font entendre le même intervalle.

Il suit de là qu'un intervalle est exactement défini par le rapport numérique des sons générateurs, ou par le rapport inverse des longueurs des cordes qui le produisent.

Un intervalle est dit *renversé,* lorsque l'un de ses deux sons ayant été baissé ou haussé d'une ou de plusieurs octaves, le plus grave est amené à être le plus aigu , et réciproquement.

I

CONSONNANCE DES INTERVALLES.

Lorsque deux sons arrivent à l'oreille à une assez petite distance l'un de l'autre pour que la sensation due au premier ne soit pas éteinte lorsque le second se fait entendre, la coexistence des deux sons produit un effet d'autant plus agréable que le rapport des nombres de vibrations est plus facilement appréciable par l'oreille.

Il suit de ce principe, que toutes les circonstances qui sont de nature à rendre plus ou moins facile la comparaison de deux sons, rendent plus ou moins consonnant l'intervalle qu'ils produisent.

Ainsi, toutes choses étant égales d'ailleurs , plus le rapport des nombres de vibrations est simple, et plus l'intervalle est consonnant.

L'intervalle 1 , ou l'*unisson*, le plus simple de tous les intervalles, n'est que la répétition du même son.

L'intervalle 2, ou l'*octave*, est si consonnant que l'oreille le confond avec l'unisson : ce qui permet de doubler, quadrupler, etc... l'un quelconque des sons d'un intervalle sans en changer la nature, pourvu que cette duplication plus ou moins répétée n'amène pas le plus grave des deux sons à être le plus aigu.

Il suit de là, que tout intervalle peut être ramené à une fraction comprise entre 1 et 2.

Les intervalles exprimés par l'un des premiers nombres impairs 1 , 3, 5 , ou par l'une de leurs combinaisons deux à deux , c'est-à-dire , par l'une des fractions $\frac{3}{2}$, $\frac{4}{3}$, $\frac{5}{4}$, $\frac{8}{5}$, $\frac{5}{3}$, $\frac{6}{5}$ sont des consonnances, même lorsque les deux sons se font entendre simultanément.

A partir du nombre impair 7 , les intervalles sont dissonnants , et le sont d'autant plus que leurs expressions sont des fractions plus compliquées. Ils le deviennent plus encore, si les sons de l'intervalle, au lieu de se succéder, se font entendre à la fois.

Pour mesurer l'intensité consonnante ou dissonnante des intervalles, considérons la série naturelle des nombres impairs : 1 , 3, 5, 7.... Prenons dans cette série un terme quelconque, divisons-le par ceux des précédents qui sont premiers avec lui , et ramenons les quotients, ainsi que leurs inverses, à des fractions comprises entre 1 et 2. Cela posé, nous admettons : 1° Que tous les intervalles exprimés par ces fractions ont la même intensité consonnante ou dissonnante ; 2° qu'en passant des intervalles relatifs à un terme de la série aux intervalles relatifs au terme suivant , la consonnance diminue ou la dissonnance augmente d'une unité , jusqu'à ceux qui dérivent du nombre impair 9 , et , au moins d'une unité .

quand il s'agit des intervalles relatifs à des nombres impairs plus grands que 9.

Si nous regardons comme n'étant ni consonnants ni dissonnants les intervalles qui correspondent au nombre 7, et qu'en conséquence nous représentions ces intervalles par zéro, nous serons conduits à la règle suivante pour mesurer la consonnance ou la dissonnance des intervalles :

1° Les intervalles qui dérivent des nombres impairs 3 et 5 sont des consonnances, et elles se partagent en deux catégories : la première comprend les consonnances $\frac{3}{2}$ et $\frac{4}{3}$ qui valent deux unités. La seconde est formée des consonnances $\frac{5}{4}$, $\frac{8}{5}$, $\frac{5}{3}$, $\frac{6}{5}$ qui valent une unité ;

2° Les intervalles qui dérivent des autres nombres impairs sont des dissonnances ;

Celles qui correspondent au nombre impair 7, c'est-à-dire qui sont exprimées par $\frac{7}{4}$, $\frac{8}{7}$, $\frac{7}{6}$, $\frac{12}{7}$, $\frac{7}{5}$, $\frac{10}{7}$, sont nulles ;

Celles qui dérivent du nombre impair 9, c'est-à-dire $\frac{9}{8}$, $\frac{16}{9}$, $\frac{9}{5}$, $\frac{10}{9}$, équivalent à une unité ;

Enfin, celles qui dérivent des nombres impairs 11, 13, 15.... équivalent au moins à 2, 3, 4..... unités.

Il ne faut pas oublier que, dans cette évaluation, les sons de l'intervalle sont censés se succéder l'un à l'autre, et non pas être entendus simultanément.

Un intervalle consonnant peut servir à faciliter l'appréciation d'un intervalle dissonnant, dont la valeur est peu différente de la sienne, et à le rendre par là consonnant. Il suffit pour cette préparation de lier les deux intervalles par un son commun.

Supposons, par exemple, qu'on veuille préparer l'oreille à apprécier l'intervalle $\frac{25}{16}$, qui ne diffère de $\frac{3}{2}$ que de $\frac{25}{24}$, on fera d'abord entendre deux sons A et B, faisant entre eux l'intervalle $\frac{A}{B} = \frac{3}{2}$, et puis deux sons C et B produisant l'intervalle $\frac{25}{16}$, et l'oreille sera ainsi facilitée à apprécier cette dissonnance, dont par suite l'effet deviendra agréable.

La préparation est d'autant plus efficace que la dissonnance à préparer est plus voisine de la consonnance qui la prépare, et que cette dernière est plus consonnante.

Appliquons ce principe aux dissonnances voisines de l'unisson, la plus grande des consonnances.

Pour préparer une dissonnance de ce genre, il suffira, d'après ce qui vient d'être dit, de faire entendre d'abord l'unisson de l'un des deux sons de cette dissonnance, et ensuite cette dissonnance elle-même. Cela revient à dire que, pour rendre une dissonnance voisine de l'unisson acceptable à l'oreille, il suffit de faire entendre successivement, et sans intermédiaire, les deux sons dont elle se compose.

Nous concluons de là que lorsque deux sons, produisant une intervalle voisin de l'unisson, se font entendre successivement et sans intermédiaire, cet intervalle est consonnant, et d'autant plus consonnant qu'il est plus près de l'unisson.

Par intervalles voisins de l'unisson, nous entendons tous ceux qui sont moindres que la consonnance immédiatement supérieure, c'est-à-dire qui sont numériquement moindres que $\frac{6}{5}$.

Nous admettons même que l'unisson peut préparer deux intervalles successifs, tous les deux moindres que $\frac{6}{5}$.

Soient trois sons A, B, B', tels que les intervalles $\frac{B}{A}$ et $\frac{B'}{A}$ soient voisins de l'unisson. Si ces trois sons sont produits successivement et sans intermédiaire, les deux intervalles $\frac{B}{A}$ et $\frac{B'}{A}$, étant préparés par l'unisson $\frac{A}{A}$, deviendront consonnants.

La règle donnée ci-dessus pour évaluer le degré de consonnance ou de dissonnance d'un intervalle à sons successifs, ne s'applique donc aux dissonnances voisines de l'unisson qu'autant que leurs sons se trouvent séparés par un ou plusieurs sons intermédiaires.

Par exemple, soient deux sons A, B, faisant l'intervalle $\frac{9}{8}$. Si, dans le chant, ces deux sons se succèdent immédiatement, leur intervalle sera une consonnance, et s'ils sont séparés par un son intermédiaire C, comme dans A, C, B, l'intervalle des deux sons A et B sera une dissonnance équivalente à l'unité, d'après la règle déjà citée.

En résumé :

Nous reconnaissons deux sortes de consonnances, savoir : 1º Les consonnances d'*unisson* et d'*octave*, de *quinte* et de *quarte*, de *tierces* et de *sixtes*, qui conservent leur caractère consonnant, soit que les sons se succèdent, soit qu'ils se fassent entendre simultanément, et que, pour cette raison, nous nommons consonnances *absolues* ; 2° les consonnances que produisent deux sons dont l'intervalle est moindre que $\frac{6}{5}$, lorsque ces deux sons se succèdent immédiatement. Nous donnons le nom de consonnances *mélodiques* aux consonnances de cette espèce. Et, quand trois sons se succèdent immédiatement de manière à ce que deux d'entre eux forment avec le troisième des consonnances mélodiques, nous désignons ces deux consonnances mélodiques par le nom de *double consonnance mélodique*.

Nous admettons pareillement deux sortes de dissonnances, savoir : 1° Les intervalles, autres que les consonnances absolues, qui sont plus grands qu'une tierce mineure $\left(\frac{6}{5}\right)$; 2° les intervalles plus petits qu'une tierce mineure, quand les deux sons qui les forment se succèdent médiatement. Les dissonnances de l'une et de l'autre sorte deviennent beaucoup plus fortes lorsque les sons qui les composent sont simultanés.

Les consonnances de quinte et de quarte $\left(\frac{3}{2} \text{ et } \frac{4}{3}\right)$ valent 2.

Les consonnances de tierces et de sixtes $\left(\frac{5}{4}, \frac{6}{5}, \frac{5}{3}, \frac{8}{5}\right)$ valent 1.

La valeur des consonnances mélodiques reste indéterminée.

Les dissonnances dérivant du nombre 7 sont nulles.

Les dissonnances dérivant du nombre 9 sont représentées par 1.

Les dissonnances dérivant d'un nombre impair n supérieur à 9 valent au moins autant d'unités qu'il y en a dans l'expression $\frac{n-7}{2}$.

II

ALTÉRATIONS QUE LES INTERVALLES PEUVENT SUPPORTER.

Lorsqu'un intervalle ne diffère d'autres intervalles plus simples que d'une très-petite quantité, l'expérience prouve que l'oreille le confond avec le plus simple de ces derniers.

L'erreur que l'oreille tolère dans cette circonstance est évidemment d'autant plus petite que l'intervalle sur lequel cette erreur porte est plus facilement appréciable. Ainsi, plus un intervalle sera consonnant, et moins considérable sera l'altération qu'il pourra supporter. C'est pour cette raison que l'unisson et l'octave, qui sont des consonnances parfaites, n'en peuvent souffrir aucune.

L'unisson et l'octave ne souffrant pas la plus légère altération, les intervalles qui les avoisinent, lorsqu'on les prépare par ces consonnances, peuvent être distingués les uns des autres par de très-petites différences.

D'où il suit qu'une consonnance mélodique peut être sensiblement plus grande, lorsqu'elle est plus près de l'unisson d'une quantité même très-petite.

La même chose n'a pas lieu pour les intervalles voisins des autres consonnances, parce que ces consonnances peuvent supporter des altérations d'autant plus grandes qu'elles sont elles-mêmes moins parfaites.

La quantité dont un intervalle autre que l'unisson et l'octave peut être altérée, dépend encore du temps et de l'attention que l'oreille met à l'apprécier. Si les deux sons générateurs se succèdent lentement et que l'oreille soit très-attentive, une erreur très-légère pourra se révéler. Mais si les sons se succèdent avec plus de rapidité, une altération plus grande pourra passer inaperçue. La tolérance de l'oreille serait plus grande encore si les sons étaient simultanés.

La limite de l'erreur, dans le cas d'une mélodie ordinaire, est généralement fixée à $\frac{81}{80}$, c'est-à-dire, qu'un intervalle qui ne diffère d'autres plus simples que d'une quantité qui ne surpasse pas $\frac{81}{80}$, se confond avec le plus simple de ces derniers, qui peut être pris par conséquent pour la mesure de l'intervalle proposé.

Nous donnons le nom de *Comma*, à toute altération que l'oreille peut supporter dans l'intervalle de deux sons. $\frac{81}{80}$ est le comma ordinaire.

Quand les sons générateurs de l'intervalle se succèdent lentement, et que l'oreille y prête une attention soutenue, la limite de l'erreur tolérable peut descendre, pour une oreille très-exercée, jusqu'au dixième d'un comma ordinaire (1), tandis que cette erreur peut être de plus d'un comma ordinaire lorsque les sons générateurs passent très-rapidement.

____

(1) Sur les principes fondam. de la musique, par M Delezenne.

Il résulte de ce qui précède, que l'intervalle de deux sons qui, sans former ce que nous avons appelé une consonnance mélodique, sont entendus successivement, n'est pas généralement celui que représente le rapport numérique, mais un intervalle plus simple qui ne diffère du premier que d'un comma.

Nous donnons à la fin de cet ouvrage une table de tous les intervalles que l'on peut obtenir en divisant chacun des nombres impairs de la suite naturelle 1, 3, 5, 7, 9, 11, 13, 15, 17, 19, 21, 23, 25, par tous ceux des précédents qui sont premiers avec lui. En regard de chaque intervalle, nous avons inscrit son logarithme pris dans le système dont la base est le comma ordinaire $\frac{81}{80}$, et, à la suite, l'intervalle auquel celui que l'on considère est équivalent. Il n'est pas question, dans cette table, de consonnances mélodiques. On suppose que les sons des dissonnances moindres qu'une tierce mineure ne se succèdent pas immédiatement. Les logarithmes dont il s'agit ici, et qui sont connus sous le nom de *logarithmes acoustiques*, ont été calculés à l'aide d'une table contenant les logarithmes des 160 premiers nombres, que l'on trouve dans un travail publié par M. Delezenne sur les principes fondamentaux de la musique. (*Mémoires de la Société de Lille.*)

SÉRIES MÉLODIQUES, OU SUCCESSIONS DE SONS.

Considérons actuellement une succession de plus de deux sons, et représentons-la par : A, B, C, D... Lorsqu'une série mélodique de ce genre se fait entendre, on doit admettre que l'oreille perçoit à la fois, et sans confusion, tous les sons dont elle se compose, et par suite tous les intervalles que l'on peut former en combinant ces sons deux à deux. Une série mélodique n'est donc, à proprement parler, que la résultante des actions partielles exercées sur l'organe de l'ouïe par les intervalles des sons qui la composent, combinés deux à deux. Il suit de cette observation que toutes les modifications opérées sur les sons d'une série mélodique, qui ne changent pas la nature des intervalles simples, ne changent pas non plus l'effet produit par la série. On peut, par exemple, multiplier ou diviser par un nombre quelconque tous les sons qu'elle renferme, et, comme cas particulier, diviser tous ces sons par l'un quelconque d'entre eux.

Soit une série mélodique représentée sous cette forme, et supposons en outre, pour fixer les idées, que le son entendu le premier soit pris pour unité. On aura pour l'expression de la série mélodique : $1, E, E', E'', E'''\ldots$ dans laquelle $E, E', E''\ldots$ désignent des fractions que l'on peut ramener à être comprises entre 1 et 2. Ces fractions expriment les intervalles formés par chaque son avec le premier. Nous désignerons ces intervalles par le nom d'intervalles *explicites*, pour les distinguer de ceux qui résultent des combinaisons binaires que l'on peut former avec les sons $E, E', E''\ldots$ et que nous nommerons intervalles *implicites*.

En prenant tour à tour pour unité chacun des sons d'une série mélodique, on peut lui donner autant de formes différentes qu'elle a de sons. Toutes ces formes sont représentées dans le tableau abrégé suivant :

$$1, E, E', E'', E'''\ldots\ldots$$
$$1, \frac{E'}{E}, \frac{E''}{E}, \frac{E'''}{E}\ldots\ldots\ldots$$
$$1, \frac{E''}{E'}, \frac{E'''}{E'}\ldots\ldots\ldots$$
$$1, \frac{E'''}{E''}\ldots\ldots\ldots$$
$$1\ldots\ldots\ldots$$

Où l'on voit que la forme correspondante à E pris pour unité, a pour expression : $\frac{1}{E}$, 1, $\frac{E'}{E}$, $\frac{E''}{E}$, $\frac{E'''}{E}$ .. ; que celle qui correspond à E', pris pour unité, est représentée par : $\frac{1}{E'}$, $\frac{E}{E'}$, 1, $\frac{E''}{E'}$, $\frac{E'''}{E'}$ ... et ainsi de suite, en renversant toujours les intervalles qui, dans le tableau, sont placés au-dessus de l'unité.

Les fractions représentatives des intervalles explicites de chaque forme peuvent d'ailleurs être ramenées à être comprises entre 1 et 2.

I

ALTÉRATIONS QUE LES SUCCESSIONS DE PLUS DE DEUX SONS PEUVENT SUPPORTER.

Lorsqu'on fait entendre une série mélodique , les intervalles simples que l'oreille perçoit ne sont pas généralement ceux qu'indiquent les rapports numériques des sons successifs combinés deux à deux , mais des intervalles plus simples qui ne diffèrent des premiers que de quantités égales à des commas. Nous allons chercher les conditions que ces intervalles réels doivent remplir pour que l'oreille puisse les substituer aux intervalles apparents.

Soit, à cet effet, la série mélodique : 1 , E, E' , E'' ... dans laquelle on a les intervalles implicites :

$$\frac{E'}{E} = 1, \quad \frac{E''}{E} = I' , \quad \frac{E''}{E'} = I''\ldots\ldots$$

Si e , e' , e'' .... sont les intervalles réels que l'oreille substitue aux intervalles explicites E, E' , E'' .... et si i , i' , i'' .... sont ceux qu'elle substitue aux intervalles implicites I , I' , I'' ..... il faudra d'abord que l'on ait :

$$E = e\,\mu , \quad E' = e'\,\mu' , \quad E'' = e''\,\mu''\ldots$$
$$I = i\,\nu , \quad I' = i\,\nu' , \quad I'' = i''\,\nu''\ldots$$
$$\mu , \mu' , \mu''\ldots\ldots \text{ et } \nu , \nu' , \nu''\ldots$$

étant des commas.

En second lieu, si l'on remplace dans la succession proposée les intervalles explicites E, E', E''…. par les intervalles réels correspondants e, e', e'', rien ne doit être changé pour l'oreille, c'est-à-dire que les intervalles implicites doivent encore ne différer de i, i', i'', que de quantités égales à des commas, et cela doit avoir lieu quelle que soit la forme que l'on donne à la succession.

Pour formuler cette seconde condition, prenons d'abord une série mélodique de trois intervalles explicites : 1, E, E', E''. La première condition étant remplie pour les intervalles réels e, e', e'', et i, i', i'', on a :

$$E = e\mu, \quad E' = e'\mu', \quad E'' = e''\mu'',$$

$$\text{et } \frac{E'}{E} = I = i\nu, \quad \frac{E''}{E} = I' = i'\nu', \quad \frac{E''}{E'} = I'' = i'\nu'' ;$$

on tire de là :

$$\frac{e'}{e} = i\,\frac{\nu\,\mu}{\mu'}, \quad \frac{e''}{e} = i'\,\frac{\nu'\,\mu}{\mu''}, \quad \frac{e''}{e'} = i''\frac{\nu''\,\mu'}{\mu''}$$

Ce qui fait voir déjà que les quantités $\frac{\nu\,\mu}{\mu'}$, $\frac{\nu'\,\mu}{\mu''}$, $\frac{\nu''\,\mu'}{\mu''}$, doivent être des commas. Maintenant, en observant les diverses formes dont est susceptible la série mélodique 1, E, E', E'', on reconnaît que la condition qui nous occupe sera remplie pour chacune d'elles, si le rapport de i' à i, ne diffère de i'' que d'un comma, et, comme on a : $i''\nu'' = \frac{i'\,\nu'}{i\,\nu}$, on voit que la quantité $\frac{\nu\,\nu''}{\nu'}$ doit encore être un comma.

Ainsi, dans une série mélodique de trois intervalles explicites, les intervalles e, e', e'', et i, i', i'', pour pouvoir être substitués par l'oreille aux intervalles apparents E, E', E'', et I, I', I'', doivent satisfaire à la condition que les quantités $\frac{\nu\,\mu}{\mu'}$, $\frac{\nu'\,\mu}{\mu''}$, $\frac{\nu''\,\mu'}{\mu''}$, $\frac{\nu''\,\nu'}{\nu'}$ soient des commas.

Si la série mélodique avait plus de trois intervalles explicites, on les combinerait trois à trois de toutes les manières possibles, et on aurait pour chaque combinaison ternaire des résultats analogues aux résultats précédents.

La condition que nous venons de trouver peut être remplie par différents systèmes d'intervalles. Nous admettons que celui de tous qui contient les intervalles les plus simples est le système réellement substitué par l'oreille ou le système *type*.

Reprenons la série mélodique : 1 , E, E′, E″, et formons le tableau abrégé de ses quatre formes, en mettant en évidence dans chacune d'elles les intervalles du système type , nous aurons :

$$1 , \quad e^{\mu}, \quad e'^{\mu'}, \quad e''^{\mu''}.$$
$$1 , \quad i^{\nu}, \quad i'^{\nu'}.$$
$$1 , \quad i''^{\nu''}.$$
$$1.$$

On peut remarquer, sur ce tableau , que la condition formulée par

$$\frac{\nu\,\mu}{\mu'} = \epsilon \,, \quad \frac{\nu'\,\mu}{\mu''} = \epsilon' \,, \quad \frac{\nu''\,\mu'}{\mu''} = \epsilon'' \,, \quad \frac{\nu''\,\nu}{\nu'} = \epsilon''' \,;$$

$$(\epsilon , \epsilon' , \epsilon'' , \epsilon''' \text{ étant des commas}),$$

se vérifie par la règle pratique suivante :

On prend tour à tour chacun des intervalles contenus dans chaque ligne verticale du tableau ; on descend jusqu'à l'unité ; on s'arrête successivement, dans la ligne horizontale que cette unité commence, à chacun des intervalles qu'elle renferme. On remonte verticalement jusqu'à l'intervalle compris dans la ligne horizontale passant par le premier. Le premier , le deuxième et le troisième intervalles étant ainsi désignés , on multiplie les commas du premier et du deuxième, et on divise par le comma du troisième.

On peut facilement reconnaître que lorsqu'on change de place deux sons qui se suivent immédiatement dans une série mélodique , la plus simple expression de cette série n'éprouve d'autre changement que le renversement de quelques uns de ses intervalles simples. On peut donc , sans changer le degré de consonnance d'une succession de sons , changer de place deux sons qui se suivent immédiatement , et par suite déplacer tous ses sons dans un ordre quelconque.

Cette proposition, dans toute sa généralité, n'est vraie que lorsque la succession n'a point de consonnances mélodiques. Dans le cas contraire, il y a une réserve à faire : c'est que les sons qui font ces consonnances soient toujours contigus.

II

CONSONNANCE DES SUCCESSIONS DE PLUS DE DEUX SONS.

Dans une succession de plus de deux sons , on peut mettre en évidence les intervalles simples que fait un son quelconque avec chacun des autres. Il suffit pour cela de diviser ces derniers par le son que l'on considère.

Nous appelons *intervalle composé* d'un son quelconque avec l'ensemble des autres sons , la différence entre la somme des consonnances et la somme des dissonnances que le son donné fait avec les autres. On suppose que la succession ait été réduite à sa plus simple expression.

L'intervalle composé sera consonnant , ou dissonnant , suivant que la somme des consonnances l'emportera , ou non , sur la somme des dissonnances. Cela posé, pour qu'une succession de sons soit consonnante, nous admettons qu'il faut et qu'il suffit que l'intervalle composé de chacun de ses sons soit consonnant, et que chaque son se lie au suivant par une consonnance soit absolue, soit mélodique. De ces deux conditions, la dernière ne dépend que du compositeur. Nous n'avons pas à nous en occuper, ou, pour mieux dire, nous pouvons toujours la supposer remplie. Nous dirons donc que la première est nécessaire et suffisante pour la consonnance des successions de sons.

Parmi tous les arrangements que l'on peut faire subir aux sons d'une succession mélodique consonnante, il en est un qui mérite plus particulièrement d'être remarqué. C'est celui où tous les intervalles explicites, exprimés par des fractions comprises entre 1 et 2, sont rangés par ordre de grandeur. Sous cette forme, la série mélodique prend le nom *Genre musical*, lequel est susceptible d'autant de *modes* qu'il a de sons. Il est à remarquer que les sons qui forment entre eux des consonnances mélodiques étant voisins l'un de l'autre, se suivent toujours immédiatement dans un mode quelconque d'un genre musical qui contient des consonnances de cette espèce.

Comme un intervalle composé peut n'être consonnant que parce qu'il contient une consonnance mélodique simple ou double, nous devons distinguer deux sortes de genres musicaux :

1° Ceux dont tous les intervalles composés sont consonnants *sans consonnances mélodiques* ; 2° ceux dont certains intervalles composés ont besoin d'avoir des consonnances mélodiques pour être consonnants. Dans l'emploi des premiers genres, les notes peuvent se succéder dans un ordre quelconque. En se servant des seconds, on est obligé de subordonner telle note à telle autre, de telle sorte que, quand l'une a déjà paru dans le chant, et que l'autre vient à y paraître, celle-ci soit toujours précédée ou suivie de la première.

Nous distinguerons ces deux sortes de genres en appelant les uns: *Genres sans notes sensibles*, et les autres : *Genres à notes sensibles*. Il y aura même lieu à partager ces derniers en deux catégories comprenant, l'une, les *Genres à simples notes sensibles*, et l'autre, les *Genres à doubles notes sensibles*, suivant qu'à une même note on devra en subordonner une ou deux autres.

CHAPITRE DEUXIÈME.

————

GENRES SANS NOTES SENSIBLES.

Les genres que nous nous proposons de trouver peuvent être mis sous la forme : 1 , E , E′ , E″..... dans laquelle 1 représente un son quelconque, tandis que E , E′ , E″......, désignent les intervalles simples de l'intervalle composé relatif au son pris pour unité, ou bien les intervalles explicites de la série. Ces intervalles explicites sont censés disposés dans un ordre quelconque, et avoir des valeurs comprises entre 1 et 2 , quel que soit l'ordre dans lequel ils se succèdent.

Nous conviendrons d'appeler *multiple d'un intervalle* le produit de cet intervalle par une consonnance absolue.

Nous dirons aussi de deux intervalles, qu'ils sont *in-compatibles*, quand ils ne pourront se trouver ensemble dans aucune série consonnante de sons successifs et non subordonnés.

On peut faire d'abord les trois observations suivantes sur l'incompatibilité des intervalles :

1° Si deux intervalles explicites, donnant un inter-valle implicite I , sont incompatibles, il en sera de même de deux intervalles explicites qui donneraient l'inter-valle implicite $\frac{2}{I}$. En effet, soient, dans la série : 1 , E , E′..

deux intervalles explicites E et E′, tels que l'on ait $\frac{E'}{E} = \frac{2}{1}$. Cette série aura le même degré de consonnance que la série : 1 , E′ , 2 E...... laquelle ne peut être consonnante, puisque E′ et 2 E , donnant l'intervalle implicite I , sont incompatibles ;

2° Pour démontrer l'incompatibilité de deux intervalles explicites E et E′, qui donnent l'intervalle implicite I , il suffit de prouver que I ne saurait entrer en explicite dans l'expression d'aucune série consonnante. Car, si on suppose E et E′ en explicites, l'intervalle composé relatif à E ou à E′ contient l'intervalle I ou l'intervalle $\frac{2}{1}$, et l'on sait que l'on peut prendre l'expression d'un intervalle composé quelconque pour celle de la série à laquelle il appartient ;

3° Deux intervalles qui sont incompatibles ne peuvent se trouver ensemble dans aucun des intervalles composés d'une série consonnante, et, ce qui revient au même, aucun de ces intervalles composés ne peut contenir l'intervalle implicite formé par deux intervalles incompatibles.

Cela posé , nous allons examiner successivement différents cas d'incompatibilité.

I. Deux intervalles sont incompatibles, quand leur intervalle implicite est une dissonance au moins égale à 8.

En effet, la somme de toutes les consonnances absolues n'étant égale qu'à 8, si une pareille dissonance entrait en explicite dans l'expression d'une série, il serait impossible que l'intervalle composé relatif au son fondamental fût consonnant.

II. Deux intervalles sont incompatibles, quand leur intervalle implicite est la dissonance $\frac{25}{24}$, que font entendre les deux consonnances $\frac{6}{5}$ et $\frac{5}{4}$.

En effet , la dissonance $\frac{25}{24}$ étant au moins égale à

6 (voir la table des intervalles), la série qui contiendrait cette dissonnance en explicite, devrait contenir aussi en explicites $\frac{4}{3}$ et $\frac{3}{2}$. Dès lors l'intervalle composé relatif à $\frac{25}{24}$ renfermerait les dissonnances $\frac{48}{25}$, $\frac{32}{25}$ et $\frac{36}{25}$, dont la somme est au moins égale à 7. Il devrait donc renfermer aussi toutes les consonnances absolues, ce qui ne peut être, parce que $\frac{5}{4}$ et $\frac{32}{25}$, donnant pour intervalle implicite $\frac{128}{125}$, qui est une dissonnance au moins égale à 8, sont incompatibles.

Il résulte de la proposition II que deux intervalles sont incompatibles, quand ils donnent pour intervalle implicite une dissonnance au moins égale à 6. Car $\frac{6}{5}$ étant incompatible avec $\frac{5}{4}$, et $\frac{8}{5}$ l'étant avec $\frac{5}{3}$, la somme des consonnances d'un intervalle composé ne peut jamais surpasser 6.

III. Deux intervalles sont incompatibles, quand leur intervalle implicite est une dissonnance D, qui ne diffère que d'un comma c de la dissonnance $\frac{25}{24}$.

En effet, supposons D en explicite dans l'expression d'une série. Il arrivera de deux choses l'une : ou la série produira sur l'oreille le même effet que si D était remplacé par $\frac{25}{24}$, ou l'effet sera différent. Dans le 1er cas, D aura la même mesure que $\frac{25}{24}$, et la proposition III rentrera dans la proposition II. Dans le 2e cas, D sera incompatible avec $\frac{5}{4}$ et $\frac{5}{3}$. Car, en supposant D en explicite avec $\frac{5}{4}$ ou avec $\frac{5}{3}$, l'intervalle composé relatif à D contiendra les intervalles $\frac{6}{5}\frac{1}{c}$ ou $\frac{8}{5}\frac{1}{c}$, lesquels ne pourront pas se réduire à $\frac{6}{5}$ ou à $\frac{8}{5}$, mais qui seront des dissonnances au moins égales à 2, comme on peut s'en assurer à l'aide de la table des intervalles. Cet intervalle composé aura donc une somme de dissonnances au moins égale à 6, puisque D est d'ailleurs une dissonnance au moins égale à 4.

Si l'expression de la série ne contient ni $\frac{5}{4}$ ni $\frac{5}{3}$, comme elle contient nécessairement $\frac{4}{3}$ et $\frac{3}{2}$, l'intervalle composé relatif à D renfermera les dissonnances $\frac{2}{D}$, $\frac{32}{25}\frac{1}{c}$ et $\frac{36}{25}\frac{1}{c}$. Il aura donc une somme de dissonnances au moins égale à 5, puisque $\frac{2}{D}$ est au moins égal à 4, et $\frac{32}{25}\frac{1}{c}$ au moins égal à 1, tandis qu'il ne pourra avoir une somme de consonnances au moins égale à 6, puisque $\frac{2}{D}$ est incompatible avec $\frac{6}{5}$ et $\frac{8}{5}$ et que $\frac{32}{25}\frac{1}{c}$ l'est avec $\frac{5}{4}$.

La démonstration précédente suppose que $\frac{32}{25}\frac{1}{c}$ ne peut pas être équivalent à $\frac{5}{4}$, ce qui ne paraît pas impossible lorsqu'on ne fait attention qu'aux commas. Mais si $\frac{32}{25}\frac{1}{c}$ était équivalent à $\frac{5}{4}$, D serait équivalent à $\frac{4}{3} \times \frac{8}{5} = \frac{16}{15}$, et nous allons faire voir que cette valeur de D est inadmissible.

En effet, la différence entre les logarithmes acoustiques de $\frac{25}{24}$ et de $\frac{16}{15}$ étant égale à 1,909, D serait égal à $\frac{16}{15}\cdot\frac{1}{\alpha}$ (Lα étant au moins égal à 0,909).

Cela posé, la série contiendrait 1, $\frac{4}{3}$, $\frac{3}{2}$, $\frac{16}{15}\cdot\frac{1}{\alpha}$

les autres formes étant : $\qquad 1$, $\frac{9}{8}$, $\frac{8}{5}\cdot\frac{1}{\alpha}$

$$1, \frac{64}{45}\cdot\frac{1}{\alpha}$$

$$1.$$

On aurait donc $\frac{45}{32}\cdot\alpha$ dans l'intervalle composé relatif à D.

Or, $\frac{45}{32}\cdot\alpha$ ne peut pas être équivalent à $\frac{7}{5}$ puisqu'on a : $\frac{45}{32} = \frac{7}{5}\cdot\frac{225}{224}$ et que $\frac{225}{224}\cdot\alpha$ est plus grand que $\frac{81}{80}$. Il ne peut pas non plus être équivalent à $\frac{10}{7}$, car $\frac{45}{32}$ étant égal à $\frac{10}{7} \times \frac{63}{64}$, la condition relative aux altérations des séries mélodiques n'est pas satisfaite par les commas de $\frac{3}{2}$, de $\frac{16}{15}$ et de $\frac{10}{7}$. Donc $\frac{45}{32}\cdot\alpha$ est compris entre $\frac{10}{7}$ et $\frac{7}{5}$, et équivaut par conséquent à une dissonance telle que l'intervalle composé relatif à **D** ne saurait devenir consonnant.

iv. Deux intervalles sont incompatibles, quand leur intervalle implicite est la dissonnance $\frac{16}{15}$, que font entendre les deux consonnances $\frac{5}{4}$ et $\frac{4}{3}$.

$\frac{16}{15}$ étant une dissonnance au moins égale à 3, l'expression de la série qui contient cette dissonnance en explicite doit nécessairement contenir $\frac{4}{3}$ ou $\frac{3}{2}$. Les consonnances explicites forment donc l'une des expressions suivantes :

$$\frac{4}{3}, \frac{3}{2} ; \quad \frac{6}{5}, \frac{4}{3}, \frac{8}{5} ; \quad \frac{6}{5}, \frac{4}{3}, \frac{5}{3} ; \quad \frac{5}{4}, \frac{4}{3}, \frac{8}{5} ; \quad \frac{5}{4}, \frac{4}{3}, \frac{5}{3} ;$$

$$\frac{6}{5}, \frac{3}{2}, \frac{8}{5} ; \quad \frac{6}{5}, \frac{3}{2}, \frac{5}{3} ; \quad \frac{5}{4}, \frac{3}{2}, \frac{8}{5} ; \quad \frac{5}{4}, \frac{3}{2}, \frac{5}{3}.$$

Considérons d'abord celles de ces expressions qui contiennent $\frac{5}{3}$. L'intervalle composé relatif à $\frac{16}{15}$ renferme, outre la dissonnance $\frac{15}{8}$, la dissonnance $\frac{25}{16}$ qui est égale à 1. Il faudrait donc, pour que cet intervalle composé fût consonnant, qu'il contînt une somme de consonnances au moins égale à 5. Ce qui est impossible, puisque $\frac{3}{2}$ est incompatible avec $\frac{25}{16}$.

Occupons-nous, en second lieu, des expressions de consonnances qui contiennent $\frac{3}{2}$, sans contenir $\frac{5}{3}$. Elles correspondent aux séries suivantes :

$$1, \frac{4}{3}, \frac{3}{2}, \frac{16}{15} \ldots \quad 1, \frac{6}{5}, \frac{3}{2}, \frac{8}{5}, \frac{16}{15} \ldots \quad 1, \frac{5}{4}, \frac{3}{2}, \frac{8}{5}, \frac{16}{15} \ldots$$

Prenons dans chacune d'elles l'expression de l'intervalle composé relatif à $\frac{16}{15}$, il viendra respectivement :

$$\frac{15}{8}, \frac{5}{4}, \frac{45}{32}, 1 \ldots \quad \frac{15}{8}, \frac{9}{8}, \frac{45}{32}, \frac{3}{2}, 1 \ldots \quad \frac{15}{8}, \frac{75}{64}, \frac{45}{32}, \frac{3}{2}, 1 \ldots$$

Or, $\frac{45}{32}$ est incompatible avec $\frac{4}{3}$, avec lequel il donne l'intervalle implicite $\frac{135}{128}$, qui ne diffère que d'un comma de $\frac{25}{24}$. Par conséquent, les seules consonnances admissibles , dans l'intervalle composé relatif à $\frac{16}{15}$, sont :

pour le 1er cas , $\frac{3}{2}$, $\frac{8}{5}$, $\frac{5}{3}$; pour le 2e, $\frac{6}{5}$, $\frac{5}{4}$, $\frac{8}{5}$, $\frac{5}{3}$, et pour le 3e, $\frac{5}{4}$, $\frac{8}{5}$, $\frac{5}{3}$, en remarquant que $\frac{75}{64}$ est incompatible avec $\frac{6}{5}$. Il suit de là que les seules combinaisons de consonnances propres à rendre consonnant cet intervalle composé sont : pour le 1er cas, $\frac{3}{2}$, $\frac{8}{5}$; $\frac{3}{2}$, $\frac{5}{3}$, et pour le 3e, $\frac{5}{4}$, $\frac{8}{5}$; $\frac{5}{4}$, $\frac{5}{3}$; aucune combinaison de consonnances n'étant possible pour le 2e cas. Mais l'existence de $\frac{5}{4}$ dans l'intervalle composé relatif à $\frac{16}{15}$, suppose celle de $\frac{4}{3}$, dans l'expression de la série, qui dès lors rentre dans la catégorie de la première : 1 , $\frac{4}{3}$, $\frac{3}{2}$, $\frac{16}{15}$ .... dans l'expression de laquelle il faut introduire successivement $\frac{8}{5}$, $\frac{128}{75}$, et $\frac{8}{5}$, $\frac{16}{9}$, pour avoir toutes les manières de rendre consonnant l'intervalle composé relatif à $\frac{16}{15}$.

Formons actuellement l'expression de l'intervalle composé relatif à $\frac{3}{2}$ dans chacune des deux séries :

$$1, \frac{4}{3}, \frac{3}{2}, \frac{8}{5}, \frac{16}{15}, \frac{128}{75} \dots \qquad 1, \frac{4}{3}, \frac{3}{2}, \frac{8}{5}, \frac{16}{15}, \frac{16}{9} \dots$$

Il vient :

$$\frac{4}{3}, \frac{16}{9}, 1, \frac{16}{15}, \frac{64}{45}, \frac{256}{225} \dots \qquad \frac{4}{3}, \frac{16}{9}, 1, \frac{16}{15}, \frac{64}{45}, \frac{32}{27} \dots$$

Les seules consonnances que cet intervalle composé puisse admettre encore sont : pour le 1er cas, $\frac{6}{5}, \frac{5}{4}, \frac{8}{5}, \frac{5}{3}$ et pour le 2e, $\frac{8}{5}$, $\frac{5}{3}$; puisque $\frac{3}{2}$ est incompatible avec $\frac{64}{45}$, et que $\frac{5}{4}$ l'est avec $\frac{32}{27}$, qui ne diffère que d'un comma de $\frac{6}{5}$. Il n'est donc pas possible que l'intervalle composé en question puisse acquérir une somme de consonnances au moins égale à 3, dans le 1er cas , et au moins égale à 2, dans le 2e, et que par suite il puisse être consonnant.

Voyons enfin les expressions de consonnances qui contiennent $\frac{4}{3}$, sans contenir $\frac{3}{2}$ et $\frac{5}{3}$, et qui correspondent aux deux séries suivantes :

$$1 , \frac{6}{5}, \frac{4}{3}, \frac{8}{5}, \frac{16}{15} \dots \qquad 1, \frac{5}{4}, \frac{4}{3}, \frac{8}{5}, \frac{16}{15} \dots$$

Formons dans la 1re l'expression de l'intervalle composé relatif à $\frac{16}{15}$, il vient :

$\frac{15}{8}$, $\frac{9}{8}$, $\frac{5}{4}$, $\frac{3}{2}$, 1....... et les seules consonnances, qui puissent entrer encore dans cet intervalle composé, sont : $\frac{4}{3}$, $\frac{8}{5}$, $\frac{5}{3}$. Comme il lui faut encore une somme de consonnances au moins égale à 2, il doit nécessairement renfermer $\frac{4}{3}$, ce qui suppose $\frac{64}{45}$ dans l'expression de la série. Si nous prenons actuellement l'expression de l'intervalle composé relatif à $\frac{4}{3}$ dans la série :

$$1, \frac{6}{5}, \frac{4}{3}, \frac{8}{5}, \frac{16}{15}, \frac{64}{45} \ldots$$

Il viendra :

$$\frac{3}{2}, \frac{9}{5}, 1, \frac{6}{5}, \frac{8}{5}, \frac{16}{15} \ldots$$

et l'on voit que ce dernier intervalle composé ne peut être consonnant s'il ne renferme une autre consonnance, qui ne peut être que $\frac{4}{3}$, et qui suppose $\frac{16}{9}$ dans l'expression de la série. Mais alors cette expression contient une somme de dissonnances au moins égale à 4, et doit avoir une nouvelle consonnance explicite, ce qui ne peut être en aucune manière.

Considérons en second lieu la série :

$1, \frac{5}{4}, \frac{4}{3}, \frac{8}{5}, \frac{16}{15}$...... et formons l'expression de l'intervalle composé relatif à $\frac{5}{4}$, il vient :

$\frac{8}{5}$, 1, $\frac{16}{15}$, $\frac{32}{25}$, $\frac{128}{75}$.... et l'on voit que les seules consonnances admissibles dans cet intervalle composé sont : $\frac{6}{5}$, $\frac{5}{4}$ et $\frac{3}{2}$, avec lesquelles on ne peut faire une somme de consonnances au moins égale à 4.

v. Deux intervalles sont incompatibles, quand leur intervalle implicite est une dissonnance D, qui ne diffère que d'un comma c de la dissonnance $\frac{16}{15}$.

En effet, supposons D en explicite dans l'expression d'une série. Il arrivera de deux choses l'une : ou la série produira sur l'oreille le même effet que si D était remplacé par $\frac{16}{15}$, ou l'effet sera différent.

Dans le 1er cas, la proposition sera démontrée par ce qui précède.

Dans le 2e cas, D sera incompatible avec $\frac{4}{3}$ et avec $\frac{8}{5}$.

Pour le prouver, supposons d'abord D en explicite avec $\frac{4}{3}$. L'intervalle composé relatif à D contiendra l'intervalle $\frac{5}{4}\frac{1}{c}$, qui ne se réduira pas à $\frac{5}{4}$, mais qui sera une dissonnance au moins égale à **2**, comme il est facile de s'en assurer, à l'aide de la table des intervalles. Cet intervalle composé aura donc une somme de dissonnances au moins égale à **4**, puisque D est de son côté une dissonnance au moins égale à **2**. Il lui faudrait donc pour être consonnant, une somme de consonnances au moins égale à **5**. Or, c'est ce qu'il ne peut avoir sans contenir $\frac{3}{2}$ dont la présence dans l'intervalle composé suppose dans l'expression de la série celle de $\frac{8}{5}c$, dissonnance au moins égale à **2**. Mais en formant alors l'expression de l'intervalle composé relatif à $\frac{4}{3}$, il viendrait :

$\frac{3}{2}$, 1, $\frac{8}{5}c$, $\frac{6}{5}c$... où $\frac{8}{5}c$ et $\frac{6}{5}c$ seraient des dissonnances au moins égales à **2**. Ce nouvel intervalle composé, ayant ainsi une somme de dissonnances au moins égale à **4** devrait contenir, outre $\frac{3}{2}$, une somme de consonnances au moins égale à **3**. Ce qui est impossible puisqu'il n'y a que $\frac{4}{3}$ d'admissible.

Supposons, en second lieu, que D soit associé à $\frac{8}{5}$, dans l'expression d'une série. L'intervalle composé relatif à D, renfermerait $\frac{3}{2}\frac{1}{c}$, dissonnance au moins égale à **3**, aurait par conséquent une somme de dissonnances au moins égale à **5**, et ne pourrait pas avoir une somme de consonnances au moins égale à **6**, puisque $\frac{3}{2}$ serait inadmissible.

D étant incompatible avec $\frac{4}{3}$ et avec $\frac{8}{5}$, l'expression de la série, qui contiendrait D en explicite, contiendrait nécessairement $\frac{3}{2}$, et en outre une ou deux autres consonnances, suivant que c est plus grand ou plus petit que l'unité : car, si c est plus petit que l'unité, D est au moins égale à 3. L'intervalle composé relatif à D contiendrait donc l'intervalle $\frac{45}{32}\frac{1}{c}$, et aurait, dans l'intervalle $\frac{2}{D}$, une dissonnance au moins égale à 2 ou à 3. Mais, dans le 1er cas, $\frac{45}{32}\frac{1}{c}$ sera incompatible avec $\frac{4}{3}$, puisque l'intervalle implicite $\frac{135}{128}\frac{1}{c} = \frac{25}{24} \times \frac{81}{80} \times \frac{1}{c}$ et dans le 2e, l'expression de la série contenant $\frac{5}{3}$, l'intervalle composé relatif à D contiendra $\frac{25}{16}\frac{1}{c}$, et aura une somme de dissonnances au moins égale à 4. Donc, cet intervalle composé ne pourra pas avoir une somme de consonnances au moins égale à 3 ou à 5, puisque $\frac{2}{D}$ est incompatible avec $\frac{5}{4}$ et avec $\frac{3}{2}$.

Cette démonstration suppose que $\frac{25}{16}\frac{1}{c}$, dans le cas de $c < 1$, ne peut pas être équivalent à $\frac{8}{5}$. Or cette équivalence ne peut exister : car si elle avait lieu, c'est-à-dire si $\frac{1}{D} \times \frac{5}{3}$ était équivalent à $\frac{8}{5}$, D serait équivalent à $\frac{5}{3} \times \frac{5}{8} = \frac{25}{24}$, et l'incompatibilité de D serait démontrée par la proposition précédente.

Si l'on remarque que $\frac{25}{24}$ et $\frac{16}{15}$, avec leurs renversements $\frac{48}{25}$ et $\frac{15}{8}$, sont les seules dissonnances supérieures à 1, qui soient des multiples de consonnances, on reconnaîtra que les propositions qui précèdent peuvent être ainsi résumées :

Deux intervalles sont incompatibles, quand leur intervalle implicite est une dissonnance supérieure à 1, et, à un comma près, un multiple d'une consonnance.

Les propositions suivantes prouveront que la seconde condition n'est pas nécessaire, et que la première suffit pour que deux intervalles soient incompatibles.

VI. Deux intervalles sont incompatibles, quand leur intervalle implicite est une dissonnance supérieure à 1, et distante de plus d'un comma de tout multiple d'une consonnance ou d'une dissonnance inférieure à 2.

En effet, soit D cet intervalle implicite, et supposons qu'il figure en explicite dans l'expression d'une série. Cette expression devra contenir deux consonnances au moins. Alors l'intervalle composé relatif à D, contiendra une somme de dissonnances au moins égale à 6 et ne pourra pas par conséquent être consonnant.

VII. Deux intervalles sont incompatibles, quand leur intervalle implicite est une dissonnance supérieure à 1, et un multiple d'une dissonnance inférieure à 2.

Pour le prouver, formons d'abord les multiples de toutes les dissonnances inférieures à 2, nous obtenons le tableau suivant :

$$1 \; ; \; \frac{7}{6} \; ; \; \frac{9}{8} \; ; \; \frac{7}{5} \; ; \; \frac{14}{9} \; ; \; \frac{7}{4} \; .$$

$$\frac{6}{5} \; ; \; \frac{7}{5} \; ; \; \frac{27}{20} \; ; \; \frac{42}{25} \; ; \; \frac{28}{15} \; ; \; \frac{21}{20} \; .$$

$$\frac{5}{4} \; ; \; \frac{35}{24} \; ; \; \frac{45}{32} \; ; \; \frac{7}{4} \; ; \; \frac{35}{18} \; ; \; \frac{35}{32} \; .$$

$$\frac{4}{3} \; ; \; \frac{14}{9} \; ; \; \frac{3}{2} \; ; \; \frac{28}{15} \; ; \; \frac{28}{27} \; ; \; \frac{7}{6} \; .$$

$$\frac{3}{2} \; ; \; \frac{7}{4} \; ; \; \frac{27}{16} \; ; \; \frac{21}{20} \; ; \; \frac{7}{6} \; ; \; \frac{21}{16} \; .$$

$$\frac{8}{5} \; ; \; \frac{28}{15} \; ; \; \frac{9}{5} \; ; \; \frac{28}{25} \; ; \; \frac{56}{45} \; ; \; \frac{7}{5} \; .$$

$$\frac{5}{3} \; ; \; \frac{35}{18} \; ; \; \frac{15}{8} \; ; \; \frac{7}{6} \; ; \; \frac{35}{27} \; ; \; \frac{35}{24} \; .$$

Il est inutile, pour le but que nous nous proposons, de comprendre dans ce tableau les renversements des dissonnances dont on a déjà pris les multiples, ainsi que la dissonnance $\frac{10}{9}$, qui diffère de $\frac{9}{8}$ du comma $\frac{81}{80}$.

Les dissonnances supérieures à 1, qu'on rencontre dans ce tableau, sont les suivantes :

$\frac{36}{35}$ qui est une dissonnance au moins égale à 9 :

$\frac{28}{27}$. . . . . à 7 ;

$\frac{21}{20}$ qui ne diffère que d'un comma de $\frac{25}{24}$;

$\frac{16}{15}$ que nous avons déjà considérée ;

$\left.\begin{array}{c}\frac{15}{14} \\[2mm] \frac{27}{25}\end{array}\right\}$ qui ne diffèrent que d'un comma de $\frac{16}{15}$;

$\frac{21}{16}$ qui est une dissonnance au moins égale à 3 ;

$\left.\begin{array}{c}\frac{35}{32} \\[2mm] \frac{35}{24}\end{array}\right\}$ qui sont, l'une et l'autre, des dissonnances au moins égales à 2.

Nous n'avons à nous occuper que des trois dernières dissonnances, les autres rentrant dans les propositions déjà démontrées.

Remarquons d'abord que $\frac{21}{16}$ est incompatible avec $\frac{4}{3}$ et avec $\frac{5}{4}$, et qu'elle donne avec $\frac{6}{5}$ et $\frac{8}{5}$ des dissonnances égales à 2. En effet.

$\frac{21}{16} \times \frac{3}{4} = \frac{63}{64}$;

$\frac{21}{16} \times \frac{4}{5} = \frac{21}{20}$;

$\frac{21}{16} \times \frac{5}{6}$ a pour mesure $\frac{12}{11}$;

$\frac{21}{16} \times \frac{5}{8}$ a pour mesure $\frac{18}{11}$.

Par conséquent $\frac{21}{16}$ ne pourra se trouver en explicite avec $\frac{4}{3}$ ou avec $\frac{5}{4}$. Elle ne pourra pas mieux se trouver avec $\frac{6}{5}$ ou avec $\frac{8}{5}$, parce que l'intervalle composé relatif à cette dissonnance aurait une somme de dissonnances au moins égale à 3, tandis qu'il ne pourrait pas admettre $\frac{3}{2}$. Donc, les seules consonnances admissibles dans l'expression de la série qui contiendrait $\frac{21}{16}$ sont $\frac{3}{2}$ et $\frac{5}{3}$, ce qui ne suffit pas pour rendre consonnant l'intervalle composé relatif au son fondamental.

Pour la dissonnance $\frac{35}{32}$, on peut observer qu'elle est incompatible avec $\frac{5}{3}$ et qu'elle donne des dissonnances égales à 2 avec $\frac{6}{5}$, $\frac{4}{3}$, $\frac{3}{2}$ et $\frac{8}{5}$, car :

$$\frac{35}{32} \times \frac{3}{5} = \frac{21}{16};$$

$$\frac{35}{32} \times \frac{5}{6} \text{ a pour mesure } \frac{11}{6};$$

$$\frac{35}{32} \times \frac{2}{3} = \frac{35}{24};$$

$$\frac{35}{32} \times \frac{3}{4} \text{ a pour mesure } \frac{11}{9};$$

$$\frac{35}{32} \times \frac{5}{4} \quad . \quad . \quad . \quad . \quad . \quad \frac{11}{8}.$$

Par conséquent $\frac{35}{32}$ ne pourra pas se trouver en explicite avec $\frac{4}{3}$ ou $\frac{3}{2}$ associés ensemble ou chacune avec $\frac{6}{5}$ ou avec $\frac{8}{5}$. Cette dissonnance ne pourra pas mieux se trouver avec $\frac{4}{3}$ ou $\frac{3}{2}$ associés séparément avec $\frac{5}{4}$; parce que l'intervalle composé relatif à $\frac{35}{32}$ aurait une somme de dissonnances au moins égale à 4, et qu'il ne pourrait avoir une somme de consonnances au moins égale à 5.

Quant à $\frac{35}{24}$, il est incompatible avec $\frac{3}{2}$, et donne des dissonnances égales à 2 avec $\frac{6}{5}$, $\frac{4}{3}$ et $\frac{8}{5}$, car :

$$\frac{35}{24} \times \frac{2}{3} = \frac{35}{36};$$

$$\frac{35}{24} \times \frac{5}{6} \text{ a pour mesure } \frac{11}{9};$$

$$\frac{35}{24} \times \frac{3}{4} = \frac{35}{32};$$

$$\frac{35}{24} \times \frac{5}{8} \text{ a pour mesure } \frac{11}{6}.$$

Donc cette dissonnance ne peut pas se trouver en explicite avec $\frac{3}{2}$, ni avec $\frac{4}{3}$ joint à $\frac{6}{5}$ ou à $\frac{8}{5}$. Elle ne peut pas mieux se trouver avec $\frac{4}{3}$ joint à $\frac{5}{4}$ ou à $\frac{5}{3}$: car l'in-

tervalle composé relatif à $\frac{35}{24}$ aurait une somme de dissonnances égale à 4, et ne pourrait avoir une somme
de consonnances au moins égale à 5, puisqu'il ne peut
admettre $\frac{4}{3}$.

VIII. Deux intervalles sont incompatibles, quand leur
intervalle implicite est une dissonnance D supérieure à
1, et ne diffère que d'un comma d'un multiple d'une
dissonnance inférieure à 2.

En effet, ou cette dissonnance D pourra être rempla-
cée par le multiple de la dissonnance inférieure à 2, dont
elle ne diffère que d'un comma, et alors la proposition
sera démontrée par celle qui précède ; ou bien, cela n'aura
pas lieu : alors D équivaudra à une dissonnance supérieure à 1 et non multiple d'une dissonnance inférieure
à 2, et la proposition rentrera dans la proposition VI.

En résumant toutes les propositions que nous avons
démontrées sur les incompatibilités de deux intervalles,
on peut dire que deux intervalles sont incompatibles,
quand leur intervalle implicite est une dissonnance supérieure à 1.

Il résulte de cette proposition générale, que les intervalles, explicites et implicites, d'une série consonnante de sons sans notes sensibles doivent nécessairement être, soit exactement, soit à un comma près, ou
des consonnances, ou des dissonnances inférieures à 2.

Dans le cas où cette condition n'est remplie que d'une
manière approchée, il faut que les intervalles altérés
puissent être remplacés par des intervalles exacts, suivant la règle (1) sur les altérations des séries mélodiques.
Sans cela, ces intervalles altérés devraient être considé-
rés comme supérieurs à 1, et par suite rejetés. Les séries consonnantes exprimées exactement par des consonnances et des dissonnances inférieures à 2 sont donc des

types de séries dont les autres ne peuvent être que des écarts tolérés par l'oreille, et ce n'est que sous cette forme déterminée qu'on peut se proposer de les trouver.

Pour obtenir ces types de séries le plus simplement possible, nous avons construit une table (1) des produits de chaque consonnance et de chaque dissonnance inférieure à 2 par chacun de ces intervalles. La fraction inscrite dans chaque case de cette table est le produit des intervalles placés en tête des lignes horizontale et verticale, qui aboutissent à la case que l'on considère ; les fractions pointées sont des produits approchés à un comma près, et les astérisques remplacent les produits qui expriment des dissonnances supérieures à 1. Ces astérisques indiquent donc que l'un des deux intervalles facteurs est incompatible avec le renversement de l'autre.

Pour déterminer la forme sous laquelle nous chercherons les séries proposées, nous remarquons que, dans une série consonnante, tous les intervalles composés renferment des consonnances, et que, parmi ces intervalles composés, il en est qui n'ont pas plus de consonnances que n'en a chacun des autres. C'est l'un de ces intervalles composés, au minimum de consonnances, que nous choisissons, et nous cherchons en conséquence toutes les séries qui n'ont en explicites qu'une, deux, trois.... consonnances, et dont tous les autres intervalles composés en ont au moins une, deux, trois....

Voici maintenant la méthode que nous avons suivie pour obtenir sous la forme adoptée toutes les séries consonnantes :

1° Faire toutes les combinaisons 1 à 1, 2 à 2, 3 à 3..... des six consonnances, en négligeant les combinaisons qui contiendraient des consonnances incompatibles ;

2° pour chaque combinaison, compléter, s'il y a lieu, le nombre minimum de consonnances des intervalles

____

(1) Voir cette table à la fin de l'ouvrage.

composés relatifs à chaque consonnance explicite, au moyen des multiples de ces consonnances ; 5° prendre les dissonnances compatibles avec les consonnances explicites, les combiner entre elles de toutes les manières possibles, et examiner si chaque combinaison remplit la double condition soit du nombre minimum de consonnances dans les intervalles composés relatifs aux dissonnances introduites, soit de la consonnance des intervalles composés relatifs à chacun des intervalles explicites.

Une remarque importante à faire, c'est qu'en formant les combinaisons d'un certain nombre de consonnances, on peut négliger celles qui sont les inverses d'autres combinaisons déjà écrites, pourvu qu'on ait soin, après avoir obtenu toutes les séries consonnantes qui correspondent aux combinaisons conservées, d'y joindre les inverses de ces mêmes séries.

Par exemple, si l'on a d'abord écrit la combinaison des deux consonnances $\frac{6}{5}$, $\frac{4}{3}$, il est inutile de s'occuper de $\frac{3}{2}$, $\frac{5}{3}$; pourvu qu'on prenne les séries inverses de celles que l'on a obtenues en traitant la combinaison $\frac{6}{5}$, $\frac{4}{3}$.

Faisons une application de la méthode qui vient d'être exposée. Proposons-nous, par exemple, d'obtenir les séries consonnantes qui répondent à la combinaison $\frac{6}{5}$, $\frac{8}{5}$. Prenons d'abord, dans la série 1, $\frac{6}{5}$, $\frac{8}{5}$.., les intervalles composés relatifs à $\frac{6}{5}$ et à $\frac{8}{5}$, nous formerons le petit tableau suivant :

$$1, \ \frac{6}{5}, \ \frac{8}{5}\ldots\ldots$$

$$1, \ \frac{4}{3}\ldots\ldots$$

$$1\ldots\ldots$$

On voit d'abord qu'il n'y a pas lieu de compléter le nombre minimum de consonnances des intervalles composés relatifs aux consonnances $\frac{6}{5}$ et $\frac{8}{5}$. Reste à voir quelles sont les dissonnances qui peuvent être introduites dans l'expression de la série. Or, $\frac{6}{5}$ et $\frac{8}{5}$ ne sont compatibles qu'avec $\frac{7}{5}$, $\frac{10}{7}$, $\frac{16}{9}$, et $\frac{7}{5}$ est incompatible avec $\frac{10}{7}$. Donc les seules combinaisons à essayer sont d'abord $\frac{7}{5}$; $\frac{10}{7}$; $\frac{16}{9}$, et ensuite $\frac{7}{5},\frac{16}{9}$; $\frac{10}{7},\frac{16}{9}$. On reconnaît que les intervalles composés relatifs à $\frac{7}{5}$, à $\frac{10}{7}$ et à $\frac{16}{9}$ seraient dissonnants, si on introduisait séparément chacune de ces dissonnances dans la série, et qu'il en serait de même pour les dissonnances $\frac{7}{5}$ et $\frac{16}{9}$, si la combinaison de ces deux dissonnances était introduite. Reste donc la combinaison $\frac{10}{7}$, $\frac{16}{9}$ qui satisfait à toutes les conditions.

Après avoir obtenu, par le moyen que nous venons d'expliquer, toutes les séries consonnantes qui correspondent aux combinaisons de consonnances que l'on a conservées, il y a à examiner si quelques unes de ces séries ne seraient pas des formes différentes de la même. Il peut se faire en effet que dans la même série consonnante il y ait plusieurs intervalles composés ayant le nombre minimum de consonnances, et on comprend que la méthode précédente donne tous ceux qui ne répondent pas à des combinaisons inverses des combinaisons de consonnances que l'on a traitées. Il faut donc reconnaître ces expressions diverses d'une même série, afin de n'en retenir qu'une seule. C'est du reste ce qui est facile en développant les intervalles composés des séries obtenues, à partir de la 1re, et en supprimant celles qui viennent après, à mesure qu'on les rencontre dans les intervalles composés que l'on obtient.

Cette élimination faite, il n'y a plus qu'à prendre les séries inverses des séries restantes, lorsque ces inverses ne sont pas des renversements de ces dernières.

C'est en opérant ainsi qu'on trouve que toutes les sé-

ries consonnantes, ou, en d'autres termes, tous les genres sans notes sensibles sont :

$$1, \frac{9}{8}, \frac{4}{3}, \frac{3}{2}, \frac{16}{9} ; \qquad 1, \frac{6}{5}, \frac{10}{7} ;$$

$$1, \frac{6}{5}, \frac{10}{7}, \frac{8}{5}, \frac{16}{9} ; \qquad 1, \frac{4}{3}, \frac{16}{9} ;$$

$$1, \frac{6}{5}, \frac{3}{2}, \frac{16}{9} ; \qquad 1, \frac{6}{5}, \frac{3}{2} ;$$

$$1, \frac{6}{5}, \frac{4}{3}, \frac{16}{9} ; \qquad 1, \frac{5}{4}, \frac{3}{2} , \text{ inverse de la pré-}$$

$$\qquad\qquad\qquad\qquad\qquad \text{cédente série.}$$

$$1, \frac{6}{5}, \frac{10}{7}, \frac{12}{7} ;$$

$$1, \frac{8}{7}, \frac{4}{3}, \frac{12}{7} ;$$

Chaque genre fournissant autant de modes, ou de gammes différentes, qu'il contient de sons.

Il est d'ailleurs facile de s'assurer (1) que ces séries
remplissent les conditions relatives aux altérations des
séries mélodiques, quand on prend le comma ordinaire
$\frac{81}{80}$ pour la limite des altérations que les intervalles peuvent supporter.

Les dix genres sans notes sensibles que nous venons
de trouver, peuvent être rangés dans l'ordre de leur
plus grande consonnance. En effet, puisque une série
est dissonnante par cela seul que l'un de ses intervalles
composés est dissonnant, on doit en conclure qu'une
série est d'autant plus consonnante que son intervalle composé le moins consonnant l'est davantage.

D'après cela, quand on voudra trouver, de deux séries consonnantes quelle est la plus consonnante , il
faudra chercher dans chacune d'elles l'intervalle composé le moins consonnant. Si ces deux intervalles sont
inégaux en consonnance, le plus consonnant appartien-
dra à la série la plus consonnante. Si les deux intervalles composés les moins consonnants sont égaux en

(1) P. 33.

consonnance, on cherchera parmi les intervalles composés qui restent dans chaque série, ceux dont la consonnance est la plus faible, on les comparera, et ainsi de suite jusqu'à ce qu'on ait trouvé la série la plus consonnante, ou qu'on ait épuisé les intervalles composés de la série la moins nombreuse.

En opérant ainsi, on obtient la classification suivante des dix genres sans notes sensibles :

N^{os} d'ordre.	SÉRIES CONSONNANTES.	VALEURS des intervalles composés.
1	$1, \frac{9}{8}, \frac{4}{3}, \frac{3}{2}, \frac{16}{9}$	4, 4, 3, 3, 2
2	$1, \frac{5}{4}, \frac{3}{2}$	3, 3, 2
3	$1, \frac{6}{5}, \frac{3}{2}$	3, 3, 2
4	$1, \frac{6}{5}, \frac{3}{2}, \frac{16}{9}$	4, 4, 2, 2
5	$1, \frac{6}{5}, \frac{4}{3}, \frac{16}{9}$	3, 3, 2, 2
6	$1, \frac{4}{3}, \frac{16}{9}$	4, 1, 1
7	$1, \frac{6}{5}, \frac{10}{7}, \frac{12}{7}$	2, 2, 1, 1
8	$1, \frac{8}{7}, \frac{4}{3}, \frac{12}{7}$	2, 2, 1, 1
9	$1, \frac{6}{5}, \frac{10}{7}$	2, 1, 1
10	$1, \frac{6}{5}, \frac{10}{7}, \frac{8}{5}, \frac{16}{9}$	6, 1, 1, 1, 1

Ce tableau montre que le genre : $1, \frac{9}{8}, \frac{4}{3}, \frac{3}{2}, \frac{16}{9}$ est à la fois l'un des plus nombreux, et l'un des plus consonnants des dix. A ce double titre, ce genre, sous l'une quelconque des cinq formes qu'il peut prendre, doit être regardé comme l'échelle musicale la plus naturelle.

CHAPITRE TROISIÈME.

—

GENRES A NOTES SENSIBLES.

MUSIQUE DES ANCIENS GRECS. — TONS DU PLAIN-CHANT.
— GAMME CHANTÉE EUROPÉENNE ET MODERNE. —
GAMME MAJEURE, GAMMES MINEURES, ASCENDANTE ET
DESCENDANTE. — OBSERVATIONS SUR LE RÉ DE LA
GAMME CHANTÉE. — DES DIÈZES ET DES BÉMOLS DANS
CETTE GAMME. — GAMME TEMPÉRÉE SUIVANT LA
MÉTHODE DU TEMPÉRAMENT ÉGAL. — GAMMES DE
MOINS DE SEPT SONS.

Exprimons le genre n° 1 par l'intervalle composé relatif à $\frac{9}{8}$, nous aurons : 1 , $\frac{6}{5}$, $\frac{4}{3}$, $\frac{3}{5}$, $\frac{16}{9}$. Sous cette forme les distances des sons successifs sont respectivement :
$\frac{6}{5}$, $\frac{10}{9}$, $\frac{6}{5}$, $\frac{10}{9}$, c'est-à-dire que le genre n° 1 peut
être considéré comme composé de deux séries partielles
égales et *conjointes* , savoir : 1 , $\frac{6}{5}$, $\frac{4}{3}$; $\frac{4}{3}$, $\frac{8}{5}$, $\frac{16}{9}$,
dont les sons, pris deux à deux d'une série à l'autre ,
forment une quarte juste.

Cette observation nous conduit à chercher si l'on ne
pourrait pas insérer dans le plus grand intervalle de chacune des parties conjointes un son intermédiaire , de manière à conserver l'égalité de composition de ces deux
parties. Comme cette insertion ne peut avoir lieu sans

que le son intercalé soit subordonné à l'un ou à l'autre des deux sons qui le comprennent , convenons d'établir cette subordination avec le son le plus bas au moyen d'une consonnance mélodique.

Soit A le son compris entre 1 et $\frac{6}{5}$, $\frac{4}{3}$ A sera celui que comprendront les deux sons $\frac{4}{3}$ et $\frac{8}{5}$. Si , comme nous le supposons , il n'y a pas d'autres subordinations que celles dont nous venons de parler , les intervalles composés relatifs à $\frac{6}{5}$, $\frac{8}{5}$ et $\frac{16}{9}$ n'auront pas de consonnances mélodiques , et , pour qu'ils soient consonnants , il faudra que la somme des consonnances absolues l'emporte sur la somme des dissonnances. Or, en prenant l'expression de ces trois intervalles composés , on a :

$$\text{intervalle composé de } \frac{6}{5}\ldots\ 1,\ \frac{10}{9},\ \frac{10\,A}{9},\ \frac{4}{3},\ \frac{3}{2},\ \frac{5}{3},\ \frac{5\,A}{3}$$

$$\text{intervalle composé de } \frac{8}{5}\ldots\ 1,\ \frac{10}{9},\ \frac{5}{4},\ \frac{5\,A}{4},\ \frac{3}{2},\ \frac{5}{3},\ \frac{5\,A}{3}$$

$$\text{intervalle composé de } \frac{16}{9}\ldots\ 1,\ \frac{9}{8},\ \frac{9\,A}{8},\ \frac{4}{3},\ \frac{3}{2},\ \frac{3\,A}{2},\ \frac{9}{5}$$

Pour que le dernier soit consonnant, il faut que $\frac{9\,A}{8}$ et $\frac{3\,A}{2}$ ne donnent pas à eux deux une valeur dissonnante supérieure à 1, d'où il suit que les seuls systèmes de valeurs qui puissent convenir à $\frac{9\,A}{8}$ et $\frac{3\,A}{2}$ doivent se trouver parmi les suivantes :

$$\frac{9\,A}{8} = \frac{7}{6}\ ,\ \frac{6}{5}\ ,\ \frac{5}{4}\ ,\ \frac{9}{7}.$$

$$\frac{3\,A}{2} = \frac{14}{9}\ ,\ \frac{8}{5}\ ,\ \frac{5}{3}\ ,\ \frac{12}{7}.$$

Des quatre valeurs précédentes de $\frac{9\,A}{8}$ et de $\frac{3\,A}{2}$, on tire :

$$A\ =\ \frac{28}{27};\qquad \frac{16}{15};\qquad \frac{10}{9};\qquad \frac{8}{7};$$

$$\frac{5}{3}\,A\ =\ \frac{7}{4}\cdot\frac{80}{81};\qquad \frac{16}{9};\qquad \frac{15}{8}\cdot\frac{80}{81};\qquad \frac{40}{21};$$

$$\frac{5}{4}\,A\ =\ \frac{9}{7}\cdot\frac{245}{243};\qquad \frac{4}{3};\qquad \frac{7}{5}\cdot\frac{125}{126};\qquad \frac{10}{7}.$$

On voit d'abord que, si l'on donnait à A les valeurs $\frac{10}{9}$ ou $\frac{8}{7}$, les intervalles composés relatifs à $\frac{6}{5}$ et à $\frac{8}{5}$ seraient dissonnants.

Il ne reste donc à examiner que les deux solutions $A = \frac{28}{27}$ et $A = \frac{16}{15}$.

La première donne le genre suivant :

$$1, \quad \frac{28}{27}, \quad \frac{6}{5}, \quad \frac{4}{3}, \quad \frac{7}{5}\cdot\frac{80}{81}, \quad \frac{8}{5}, \quad \frac{16}{6};$$
$$1, \quad \frac{8}{7}\cdot\frac{81}{80}, \quad \frac{9}{7}, \quad \frac{4}{3}, \quad \frac{14}{9}\cdot\frac{1}{\alpha}, \quad \frac{12}{7};$$
$$1, \quad \frac{10}{9}, \quad \frac{7}{6}\cdot\frac{80}{81}, \quad \frac{4}{3}, \quad \frac{3}{2}\cdot\frac{80}{81};$$
$$1, \quad \frac{28}{27}, \quad \frac{6}{5}, \quad \frac{4}{3};$$
$$1, \quad \frac{8}{7}\cdot\frac{81}{80}, \quad \frac{9}{7};$$
$$1, \quad \frac{10}{9};$$
$$1.$$

dont les divers modes ont les expressions ci-contre, et où $L_\alpha = 0{,}660$

On voit que la condition relative aux altérations des séries mélodiques (1) est partout remplie, excepté pour la combinaison ternaire $\frac{8}{7}\cdot\frac{81}{80}$, $\frac{14}{9}\cdot\frac{1}{\alpha}$ et $\frac{4}{3}$, dans laquelle le produit des commas de $\frac{8}{7}$ et de $\frac{4}{3}$, divisé par le comma de $\frac{14}{9}$, donne $\frac{81}{80}\cdot\alpha$, qui est plus grand qu'un comma ordinaire.

On conçoit cependant que cette altération $\frac{81}{80}\cdot\alpha$, dont le logarithme égale 1.66, pourrait être supportée par l'oreille, si l'un des deux sons $\frac{6}{5}$ et $\frac{8}{5}$ ou tous les deux passaient assez rapidement dans le chant (2).

La série que nous venons d'examiner revient à peu de chose près au *genre diatonique* d'Archytas que l'on trouve aussi parmi les divers genres de Ptolémée. La différence qu'il y a entre notre série et ce genre musical, c'est que, dans ce dernier, les distances des sons

(1) P. 33. — (2) P. 28.

du tétracorde sont, en allant du grave à l'aigu, $\frac{28}{27}$, $\frac{8}{7}$, $\frac{9}{8}$; tandis que dans la série théorique ces distances sont : $\frac{28}{27}$, $\frac{81}{70}$, $\frac{10}{9}$; c'est-à-dire qu'Archytas diminue d'un comma ordinaire la seconde distance, et augmente la troisième de la même quantité. Le genre diatonique d'Archytas revient donc à :

$$1,\ \frac{28}{27},\ \frac{6}{5}\cdot\frac{80}{81},\ \frac{4}{3},\ \frac{7}{5}\cdot\frac{80}{81},\ \frac{8}{5}\cdot\frac{80}{81},\ \frac{16}{9} ;$$
$$1,\ \frac{8}{7},\ \frac{9}{4},\ \frac{4}{3},\ \frac{14}{9}\cdot\frac{1}{\beta},\ \frac{12}{7} ;$$
$$1,\ \frac{10}{9},\ \frac{7}{6},\ \frac{4}{3},\ \frac{3}{2} ;$$
$$1,\ \frac{28}{27},\ \frac{6}{5}\cdot\frac{80}{81},\ \frac{4}{3} ;$$
$$1,\ \frac{8}{7},\ \frac{9}{7} ;$$
$$1,\ \frac{10}{9} ;$$
$$1$$

dont les divers modes ont les expressions ci-contre, et où $L\beta = 1{,}66$

On voit que la condition relative aux altérations des séries mélodiques (1) est remplie pour toutes les combinaisons ternaires, excepté pour celle qui contient $\frac{8}{7}$, $\frac{14}{9}\cdot\frac{1}{\beta}$ et $\frac{4}{3}$.

Examinons maintenant la seconde solution, $A = \frac{16}{15}$, qui correspond au genre :

$$1,\ \frac{16}{15},\ \frac{6}{5},\ \frac{4}{3},\ \frac{10}{7}\cdot\frac{224}{225},\ \frac{8}{5},\ \frac{16}{9} ;$$
$$1,\ \frac{9}{8},\ \frac{5}{4},\ \frac{4}{3},\ \frac{3}{2},\ \frac{5}{3} ;$$
$$1,\ \frac{10}{9},\ \frac{6}{5}\cdot\frac{80}{81},\ \frac{4}{3},\ \frac{3}{2}\cdot\frac{80}{81} ;$$
$$1,\ \frac{16}{15},\ \frac{6}{5},\ \frac{4}{3} ;$$
$$1,\ \frac{9}{8},\ \frac{5}{4} ;$$
$$1,\ \frac{10}{9} ;$$
$$1$$

dont les divers modes ont les expressions ci-contre.

Comme $\frac{225}{224}$ est moindre qu'un comma ordinaire, on peut, sans changer le caractère de la série, diminuer $\frac{16}{15}$ de la quantité complémentaire $\frac{126}{125}$ soit en totalité soit en partie, pourvu toutefois qu'on diminue $\frac{6}{5}$ et $\frac{8}{5}$ de la même quantité au moins.

Si l'on outrepassait dans une certaine mesure cette limite de diminution, l'altération produite sur la première note du second tétracorde, c'est-à-dire $\frac{4}{3}$ A, pourrait être encore tolérée; mais à la condition que cette note passât rapidement dans le chant (1).

Comparons actuellement les résultats théoriques auxquels nous sommes parvenus, aux divers genres diatoniques des Grecs.

La série 1, $\frac{16}{15}$, $\frac{6}{5}$, $\frac{4}{3}$, $\frac{64}{45}$, $\frac{8}{5}$, $\frac{16}{9}$ est le *genre diatonique dur* de Ptolémée.

En diminuant $\frac{6}{5}$ et $\frac{8}{5}$ du comma ordinaire $\frac{81}{80}$, ce qui peut se faire sans changer le caractère de la série, on obtient le *genre diatonique* de Didyme.

Le *genre diatonique dur* d'Aristoxène, qui s'obtient en partageant la quarte en cinq intervalles égaux, en en prenant un pour l'intervalle grave et deux pour chacun des deux intervalles aigus, revient à diminuer $\frac{16}{15}$ d'une quantité plus petite que $\frac{126}{125}$ et à opérer sur $\frac{6}{5}$ et $\frac{8}{5}$ une diminution un peu plus grande.

Le *genre diatonique* d'Ératosthène, qui est celui de Pythagore et de Platon, n'est autre chose que la même série dans laquelle $\frac{16}{15}$, $\frac{6}{5}$ et $\frac{8}{5}$ ont été diminués d'un comma ordinaire tout entier.

Le *genre diatonique égal* de Ptolémée, dans lequel l'intervalle grave est $\frac{12}{11}$, l'intervalle du milieu $\frac{11}{10}$ et l'intervalle aigu $\frac{10}{9}$ est encore la même série, dans laquelle $\frac{16}{15}$ a été augmenté de plus d'un comma, et où par con-

(1. P. 28.

séquent A et $\frac{4}{3}$ A doivent être des notes d'un passage rapide (1).

Nous avons passé en revue tous les genres diatoniques des Grecs, à l'exception du *genre diatonique mou* d'Aristoxène, et du *genre diatonique mou de* Ptolémée. Nous pouvons donc dire qu'à cette exception près, tous les genres diatoniques se déduisent de la série consonnante n° 1. Nous allons voir qu'une autre série consonnante va nous donner l'un des deux genres diatoniques qui nous manquent.

Considérons, à cet effet, la série consonnante n° 8, et donnons-lui l'expression de l'intervalle composé relatif au son $\frac{12}{7}$; il viendra : $1, \frac{7}{6}, \frac{4}{3}, \frac{14}{9}$. En ajoutant le son $\frac{16}{9}$ on forme une série : $1, \frac{7}{6}, \frac{4}{3}, \frac{14}{9}, \frac{16}{9}$ qui peut être regardée comme formée de deux séries partielles égales égales et conjointes, savoir : $1, \frac{7}{6}, \frac{4}{3}; \frac{4}{3}, \frac{14}{9}, \frac{16}{9}$ dans lesquelles les distances des sons successifs sont respectivement $\frac{7}{6}$ et $\frac{8}{7}$. A la vérité cette série, ainsi complétée par l'adjonction de $\frac{16}{9}$, n'est plus consonnante puisque $\frac{7}{6}$ donne avec $\frac{16}{9}$ un intervalle exprimé par $\frac{32}{21}$. Mais on peut supposer que $\frac{7}{6}$ passe assez rapidement pour que l'oreille substitue à $\frac{32}{21}, \frac{14}{9}$ qui en diffère d'un peu plus d'un comma ordinaire (2). C'est ce que nous supposerons, et nous chercherons dès lors à intercaler entre 1 et $\frac{7}{6}$ et entre $\frac{4}{3}$ et $\frac{14}{9}$ un son intermédiaire subordonné au plus grave de ceux qui le comprennent, tout en conservant l'égalité des séries partielles conjointes.

En reprenant la marche que nous avons suivie plus haut, on trouve que la seule valeur de A qui puisse être conservée est A $= \frac{28}{27}$.

Cette valeur donne lieu au genre :

(1) P. 28. — (2) Ibid

$$1, \frac{28}{27}, \frac{7}{6}, \frac{4}{3}, \frac{7}{5}\cdot\frac{80}{81}, \frac{14}{9}, \frac{16}{9};$$
$$1, \frac{9}{8}, \frac{9}{7}, \frac{4}{3}, \frac{3}{2}, \frac{12}{7};$$
$$1, \frac{8}{7}, \frac{6}{5}\cdot\frac{80}{81}, \frac{4}{3}, \frac{14}{9}\frac{1}{\alpha};$$
$$1, \frac{28}{27}, \frac{7}{6}, \frac{4}{3};$$
$$1, \frac{9}{8}, \frac{9}{7};$$
$$1, \frac{8}{7};$$
$$1.$$

dont les divers modes ont les expressions ci-contre, et où $L\alpha = 1,660$

Cette série est le *genre diatonique mou* de Ptolémée. Seulement $\frac{28}{27}$ y est augmenté d'un comma ordinaire et devient $\frac{20}{21}$, modification qui ne change pas le caractère de la série.

Considérons actuellement le genre musical sans notes sensibles n° 6 : $1, \frac{4}{3}, \frac{16}{9}$, et proposons-nous de déterminer les séries de la forme : $1, A, B, \frac{4}{3}, \frac{4A}{3}, \frac{4B}{3}, \frac{16}{9}$ dans lesquelles on suppose A et B subordonnés à la note 1, $\frac{4}{3}A$ et $\frac{4}{3}B$ subordonnés à la note $\frac{4}{3}$; de manière à former de part et d'autre une double consonnance mélodique.

Le seul intervalle composé qui n'ait aucune consonnance mélodique sera celui qui est relatif à $\frac{16}{9}$. L'expression de cet intervalle composé est :

$$1, \frac{9}{8}, \frac{9A}{8}, \frac{9B}{8}, \frac{3}{2}, \frac{3A}{2}, \frac{3B}{2}.$$

Il faut donc que $\frac{9A}{8}, \frac{9B}{8}, \frac{3A}{2}, \frac{3B}{2}$, pris ensemble, ne donnent pas une dissonnance supérieure à zéro, et il est facile de voir que toutes les valeurs possibles de A et de B, correspondront aux valeurs suivantes de $\frac{9A}{8}$ et de $\frac{9B}{8}$:

$$\frac{9A}{8} \text{ ou } \frac{9B}{8} = \frac{7}{6}, \frac{6}{5}, \frac{5}{4}, \frac{9}{7}, \frac{4}{3} :$$

$$\text{d'où } \frac{3A}{2} \text{ ou } \frac{3B}{2} = \frac{14}{9}, \frac{8}{5}, \frac{5}{3}, \frac{12}{7}, \frac{16}{9}.$$

Nous rejetterons $\frac{9\,A}{8} = \frac{4}{3}$, d'où $A = \frac{6}{5}\cdot\frac{80}{81}$, qui nous donnerait les séries déduites du genre sans notes sensibles n° 1 ; il ne restera donc que les valeurs suivantes :

$$\frac{9\,A}{8} \text{ ou } \frac{9\,B}{8} = \frac{7}{6}\,,\ \frac{6}{5}\,,\ \frac{5}{4}\,,\ \frac{9}{7}\,;$$

$$\frac{3\,A}{2} \text{ ou } \frac{3\,B}{2} = \frac{14}{9}\,,\ \frac{8}{5}\,,\ \frac{5}{3}\,,\ \frac{12}{7}\,.$$

D'où l'on tire :

$$A \text{ ou } B = \frac{28}{27}\,,\ \frac{16}{15}\,,\ \frac{10}{9}\,,\ \frac{8}{7}\,.$$

La combinaison qui résulterait de $A = \frac{28}{27}$ avec $B = \frac{8}{7}$ donnerait la série précédemment obtenue, $\frac{8}{7}$ ne différant de $\frac{7}{6}$ que d'une quantité un peu plus grande qu'un comma ordinaire. La combinaison de $A = \frac{10}{9}$ avec $B = \frac{8}{7}$ conduirait approximativement et sous une forme différente à la série déjà examinée : $1,\ \frac{28}{27}\,,\ \frac{6}{5}\,,\ \frac{4}{3}\,,\ \frac{7}{5}\cdot\frac{80}{81}\,,\ \frac{8}{5}\,,\ \frac{16}{9}\,.$

Il ne reste donc de possibles pour A et pour B que les valeurs suivantes :

$$A = \frac{28}{27}\,,\ A = \frac{28}{27}\,,\ A = \frac{16}{15}\,,\ A = \frac{16}{15}\,.$$
$$B = \frac{16}{15}\,,\ B = \frac{10}{9}\,,\ B = \frac{10}{9}\,,\ B = \frac{8}{7}\,.$$

La combinaison $A = \frac{28}{27}$, $B = \frac{16}{15}$ se rencontre dans le *genre enharmonique* d'Archytas.

Voici la composition de cette série :

$$1,\ \frac{28}{27}\,,\ \frac{16}{15}\,,\ \frac{4}{3}\,,\ \frac{7}{5}\cdot\frac{80}{81}\,,\ \frac{10}{7}\cdot\frac{224}{225}\,,\ \frac{16}{9}\,; \qquad L\alpha = 1{,}660$$
$$1,\ \frac{36}{35}\,,\ \frac{9}{7}\,,\ \frac{4}{3}\,,\ \frac{7}{5}\cdot\frac{1}{\alpha}\,,\ \frac{12}{7}\,; \qquad L\beta = 0{,}660$$
$$1,\ \frac{5}{4}\,,\ \frac{9}{7}\cdot\beta\,,\ \frac{4}{3}\,,\ \frac{5}{3}\,;$$
$$1,\ \frac{28}{27}\,,\ \frac{16}{15}\,,\ \frac{4}{3}\,;$$
$$1,\ \frac{36}{35}\,,\ \frac{9}{7}\,;$$
$$1,\ \frac{5}{4}\,;$$
$$1.$$

A ce genre enharmonique se rattachent les genres suivants :

1° Le *genre enharmonique* d'Eratosthène , dans lequel

$$A = \frac{40}{39} , \qquad B = \frac{20}{19} ;$$

c'est-à-dire , $\quad A = \frac{28}{27} \frac{1}{\gamma} , \qquad B = \frac{16}{15} \frac{1}{\delta}.$

$$L \gamma = 0,889 \qquad L \delta = 1,066.$$

2° Le *genre enharmonique* de Didyme , dans lequel

$$A = \frac{32}{31} , \qquad B = \frac{16}{15} ;$$

c'est-à-dire , $\quad A = \frac{28}{27} \frac{1}{\gamma} , \qquad B = \frac{16}{15}.$

$$L \gamma = 0,5718.$$

3° Le *genre enharmonique* d'Aristoxène, dans lequel les deux premiers intervalles du tétracorde sont d'un dixième de quarte chacun , et où par conséquent

$$A = \frac{28}{27} \frac{1}{\gamma} ; \quad B = \frac{16}{15} \frac{1}{\delta}.$$

$$L \gamma = 0,6117 \qquad L \delta = 0,5655.$$

4° Le *genre chromatique mou* du même auteur , dans lequel les deux premiers intervalles du tétracorde sont de deux quinzièmes de quarte chacun, et où par conséquent

$$A = \frac{28}{27} \gamma , \qquad B = \frac{16}{15} \delta.$$

$$L \gamma = 0,160 \qquad L \delta = 0,980.$$

5° Le *genre chromatique moyen* du même auteur dans lequel les deux premiers intervalles valent trois vingtièmes de quarte chacun , et où par suite

$$A = \frac{28}{27} \gamma , \qquad B = \frac{16}{15} \delta.$$

$$L \gamma = 0,546 \qquad L \delta = 1,752.$$

Étudions maintenant la combinaison : $A = \frac{28}{27}, B = \frac{10}{9}.$ qui conduit à la série suivante :

$$1, \quad \frac{28}{27}, \quad \frac{10}{9}, \quad \frac{4}{3}, \quad \frac{7}{5}\cdot\frac{80}{81}, \quad \frac{3}{2}\cdot\frac{80}{81}, \quad \frac{16}{9} \;;\; \mathrm{L}\,\alpha = 0{,}3586$$

$$1, \quad \frac{15}{14}, \quad \frac{9}{7}, \quad \frac{4}{3}, \quad \frac{10}{7}, \quad \frac{12}{7} \;;$$

$$1, \quad \frac{6}{5}, \quad \frac{5}{4}\,\frac{1}{\alpha}, \quad \frac{4}{3}, \quad \frac{8}{5} \;;$$

$$1, \quad \frac{28}{27}, \quad \frac{10}{9}, \quad \frac{4}{3} \;;$$

$$1, \quad \frac{15}{4}, \quad \frac{9}{7} \;;$$

$$1, \quad \frac{6}{5} \;;$$

$$1.$$

C'est exactement le *genre chromatique mou* de Ptolémée.

Le *genre chromatique* d'Archytas n'en diffère qu'en ce que $\frac{10}{9}$ est augmenté d'un comma ordinaire.

Le *genre chromatique* d'Ératosthène dans lequel $A = \frac{20}{19}$ et $B = \frac{10}{9}$ s'y rapporte également, car on a $A = \frac{28}{27}\,\gamma$, $\mathrm{L}\,\gamma = 1{,}2015$.

La troisième solution $A = \frac{16}{15}$, $B = \frac{10}{9}$ conduit à la série suivante :

$$1, \quad \frac{16}{15}, \quad \frac{10}{9}, \quad \frac{4}{3}, \quad \frac{10}{7}\cdot\frac{224}{225}, \quad \frac{3}{2}\cdot\frac{80}{81}, \quad \frac{16}{9} \;;$$

$$1, \quad \frac{25}{24}, \quad \frac{5}{4}, \quad \frac{4}{3}, \quad \frac{7}{5}\cdot\frac{125}{126}, \quad \frac{5}{3} \;;$$

$$1, \quad \frac{6}{5}, \quad \frac{9}{7}\cdot\frac{224}{225}, \quad \frac{4}{3}, \quad \frac{8}{5} \;;$$

$$1, \quad \frac{16}{15}, \quad \frac{10}{9}, \quad \frac{4}{3} \;;$$

$$1, \quad \frac{25}{24}, \quad \frac{5}{4} \;;$$

$$1, \quad \frac{6}{5} \;;$$

$$1.$$

C'est le *genre chromatique* de Didyme, et à ce genre vient se rattacher le *genre chromatique dur* d'Aristoxène dans lequel les deux premiers intervalles du tétracorde sont d'un cinquième de quarte chacun, et où par conséquent

$$A = \frac{16}{15} \frac{1}{\gamma}, \qquad B = \frac{10}{9} \delta.$$

$$L\,\gamma = 0{,}5637 \qquad L\,\delta = 0{,}7818.$$

Il est à remarquer que *le genre chromatique* d'Ératosthène pourrait s'y rattacher aussi, car on a :

$$\frac{20}{19} = \frac{16}{15} \frac{1}{\gamma}, \quad L\,\gamma = 1{,}066.$$

Voyons enfin la quatrième solution : $A = \frac{16}{15}$, $B = \frac{8}{7}$.

Elle donne lieu à la série suivante :

$$
\begin{array}{ccccccc}
1, & \frac{16}{15}, & \frac{8}{7}, & \frac{4}{3}, & \frac{10}{7}\cdot\frac{224}{225}, & \frac{14}{9}\frac{1}{\alpha}, & \frac{16}{9}; \\[2mm]
 & 1, & \frac{15}{14}, & \frac{5}{4}, & \frac{4}{3}, & \frac{10}{7}, & \frac{5}{3}; \\[2mm]
 & & 1, & \frac{7}{6}, & \frac{9}{7}\frac{1}{\beta}, & \frac{4}{3}, & \frac{14}{9}; \\[2mm]
 & & & 1, & \frac{16}{15}, & \frac{8}{7}, & \frac{4}{3}; \\[2mm]
 & & & & 1, & \frac{15}{14}, & \frac{5}{4}; \\[2mm]
 & & & & & 1, & \frac{7}{6}; \\[2mm]
 & & & & & & 1.
\end{array}
$$

dont les divers modes ont les expressions ci-contre, et où

$$L\,\alpha = 1{,}660$$
$$L\,\beta = 1{,}410$$

A ce genre se rattache le *diatonique mou* d'Aristoxène, qui se forme en divisant la quarte en dix intervalles égaux, en en prenant deux pour le premier degré du tétracorde, trois pour le deuxième, et les cinq autres pour le troisième.

Si on calcule d'après cela les différents sons de ce genre musical, en les rapportant à celui qui précède, on trouve la série suivante :

$$1, \quad \frac{16}{15}\frac{1}{\alpha}, \quad \frac{8}{7}\beta, \quad \frac{4}{3}, \quad \frac{10}{7}\frac{1}{\gamma}, \quad \frac{14}{9}\frac{1}{\delta}, \quad \frac{16}{9};$$

$$1, \quad \frac{15}{14}\alpha\beta, \quad \frac{5}{4}\alpha, \quad \frac{4}{3}, \quad \frac{16}{15}\frac{\alpha}{\delta}, \quad \frac{5}{3}\alpha;$$

$$1, \quad \frac{7}{6}\frac{1}{\beta}, \quad \frac{9}{7}\frac{1}{\varepsilon}, \quad \frac{4}{3}, \quad \frac{14}{9}\frac{1}{\beta};$$

$$1, \quad \frac{16}{15}\frac{1}{\alpha}, \quad \frac{8}{7}\beta, \quad \frac{4}{3};$$

$$1, \quad \frac{15}{14}\alpha\beta, \quad \frac{5}{4}\alpha;$$

$$1, \quad \frac{7}{6}\frac{1}{\beta};$$

$$1.$$

où l'on a :

$$L\alpha = 0,564$$
$$L\beta = 0,830$$
$$L\gamma = 0,922$$
$$L\delta = 0,830$$
$$L\varepsilon = 1,555$$

Un autre genre grec, qui rentre dans celui que nous venons d'examiner, est le *genre chromatique dur* de Ptolémée, dans lequel les sons du premier tétracorde sont respectivement $\frac{22}{21}$, $\frac{8}{7}$, $\frac{4}{3}$.

$\frac{22}{21}$ est moindre que $\frac{16}{15}$ d'une quantité dont le logarithme est 1,250, altération tolérable, lorsque la note qui en est affectée passe rapidement.

M. Vincent (1) divise l'octave en vingt-quatre intervalles égaux, prend un de ces 24e pour chacun des deux premiers intervalles du tétracorde, et en réserve par conséquent huit pour le troisième ou l'intervalle aigu. D'après cette division, le son que nous avons nommé A a pour logarithme 2,3249, le logarithme de celui que nous avons nommé B est égal à 4,6498, et la première note du premier tétracorde a pour logarithme 23,249. On peut voir facilement d'après cela que, dans le genre enharmonique de M. Vincent, $A = \frac{28}{27}\frac{1}{\gamma}$, $B = \frac{16}{15}\frac{1}{\delta}$, et la 4e corde $= \frac{4}{3}\varepsilon$.

$$(L\gamma = 0,6027, \quad L\delta = 0,5455, \quad L\varepsilon = 0,091.)$$

Cette échelle n'est donc, à proprement parler, autre chose que le *genre enharmonique* d'Aristoxène.

____

(1) Voir l'Introduction.

M. Populus, cet artiste qui a si bien interprété les idées de M. Vincent sur les propriétés mélodiques et harmoniques du quart de ton, a bien voulu nous communiquer un morceau composé avec les notes de cette gamme enharmonique. Cette mélodie, que nous rapportons à la fin de ce mémoire, va nous servir à vérifier les conséquences déduites de notre théorie sur la constitution de cette gamme.

Voici d'abord le tableau des valeurs exactes des notes de l'échelle enharmonique, telle qu'on peut l'exécuter sur l'orgue à quarts de ton de M. Vincent :

$$1,\quad \tfrac{28}{27}\tfrac{1}{\gamma},\quad \tfrac{16}{15}\tfrac{1}{\delta},\quad \tfrac{4}{3}\varepsilon,\quad \tfrac{7}{5}\tfrac{\varepsilon}{\gamma}\cdot\tfrac{80}{81},\quad \tfrac{10}{7}\tfrac{\bullet}{\delta}\cdot\tfrac{224}{225},\quad \tfrac{16}{9}\varepsilon^2\;;$$

$$1,\quad \tfrac{36}{35}\tfrac{\gamma}{\delta},\quad \tfrac{9}{7}\varepsilon\gamma,\quad \tfrac{4}{3}\varepsilon,\quad \tfrac{7}{5}\tfrac{\varepsilon}{\alpha}\tfrac{\gamma}{\delta},\quad \tfrac{12}{7}\varepsilon^2\gamma\;;$$

$$1,\quad \tfrac{5}{4}\varepsilon\delta,\quad \tfrac{9}{7}\tfrac{\varepsilon\,\beta\,\delta}{\gamma},\quad \tfrac{4}{3}\varepsilon,\quad \tfrac{5}{3}\varepsilon^2\delta\;;$$

$$1,\quad \tfrac{28}{27}\tfrac{1}{\gamma},\quad \tfrac{16}{15}\tfrac{1}{\delta},\quad \tfrac{4}{3}\varepsilon\;;$$

$$1,\quad \tfrac{36}{35}\tfrac{\gamma}{\delta},\quad \tfrac{9}{7}\varepsilon\gamma\;;$$

$$1,\quad \tfrac{5}{4}\varepsilon\delta\;;$$

$$1.$$

où l'on a :

$$L\,\gamma = 0{,}605,\quad L\,\delta = 0{,}546,\quad L\,\varepsilon = 0{,}091,$$
$$L\,\alpha = 1{,}660,\quad L\,\beta = 0{,}660,\quad L\,\tfrac{225}{224} = 0{,}359.$$

On peut remarquer d'abord que, d'après ces valeurs,

$$\alpha\cdot\tfrac{80}{81} = \tfrac{\gamma^2}{\delta} = \beta,\quad \text{d'où l'on tire : } \tfrac{81}{80}\cdot\tfrac{\gamma}{\varepsilon} = \tfrac{\alpha\,\delta}{\gamma\,\varepsilon}.$$

on obtient ensuite

$$L\,\tfrac{81}{80}\cdot\tfrac{\gamma}{\varepsilon} = L\,\tfrac{\alpha\,\delta}{\gamma\,\varepsilon} = 1{,}512 \quad\text{et}\quad L\,\tfrac{225}{224}\cdot\tfrac{\delta}{\varepsilon} = 0{,}814.$$

Si maintenant on désigne les sons exprimés par :

$$1,\quad \tfrac{28}{27}\tfrac{1}{\gamma},\quad \tfrac{16}{15}\tfrac{1}{\delta},\quad \tfrac{4}{3}\varepsilon,\quad \tfrac{7}{5}\tfrac{\varepsilon}{\gamma}\cdot\tfrac{80}{81},\quad \tfrac{10}{7}\tfrac{\varepsilon}{\delta}\cdot\tfrac{224}{225},\quad \tfrac{16}{9}\varepsilon^2,$$

par les notes :

si, *ut♯*, *ut*, *mi*, *fa♯*, *fa*, *la*.

(en représentant par le signe V l'abaissement d'un quart de ton) et qu'on ajoute au grave la *proslambano-mène la*, on voit que, pour la correction de la mélodie, il faut, d'après la théorie précédente :

1° Que, lorsque l'une des trois notes *si*, *ut* V, *ut* ou *mi*, *fa* V, *fa* aura paru dans le chant, et que l'une des deux autres paraîtra, la nouvelle note soit accompagnée de l'ancienne pour faire avec elle une consonnance mélodique ;

2° que, lorsque deux des notes *si*, *ut* V, *ut* ou *mi*, *fa* V, *fa* auront paru et que la troisième paraîtra, cette dernière soit accompagnée des deux précédentes pour former avec chacune d'elles une consonnance mélodique ;

3° que l'une au moins des deux notes *si*, *fa* V ou *ut* V, *fa* passent rapidement, quand ces deux notes sont mises en rapport, afin que l'altération de leur intervalle, laquelle surpasse un comma ordinaire, puisse être supportée par l'oreille.

Examinons actuellement si les conditions que nous venons de poser sont remplies dans le morceau de M. Populus.

On y voit constamment ensemble, après que la note *ut* a paru, soit les deux notes *ut*, *si*, soit les trois notes *ut*, *ut* V, *si*, avec cette particularité que la note *ut* V est une croche, c'est-à-dire une note qui passe deux fois plus rapidement que les autres. La même observation peut être faite pour les trois notes *fa*, *fa* V, *mi*, et pour la note *fa* V. Il suit de là que la condition relative aux consonnances mélodiques est bien satisfaite. Quant à la condition qui regarde l'intervalle *si–fa* V ou l'intervalle *ut* V–*fa*, elle est également remplie puisque les notes *fa* V, *ut* V sont des croches.

Ainsi se trouvent vérifiées sur tous les points les con-

séquences de notre théorie , en ce qui concerne la gamme enharmonique.

Les anciens Grecs s'étaient servis d'abord , pour la
mélodie , d'un simple tétracorde. On peut voir en effet
que cette série de notes peut de diverses manières
acquérir le caractère d'une échelle complète.

Soit 1, A, B, $\frac{4}{3}$ une série de quatre notes dont les extrê-
mes font une quarte juste , et supposons que la note 1 ait
pour note sensible A, ou pour double note sensible A et B.
Dans les deux cas l'intervalle composé relatif à $\frac{4}{3}$, n'aura
pas de consonnances mélodiques , et , pour qu'il soit
consonnant, la somme de ses consonnances absolues devra
l'emporter sur la somme de ses dissonnances. Or , cet
intervalle composé est exprimé par : 1 , $\frac{3}{2}$, $\frac{3\,A}{2}$, $\frac{3\,B}{2}$. Il
faut donc que les deux intervalle simples $\frac{3\,A}{2}$, $\frac{3\,B}{2}$ n'aient pas
en somme une valeur dissonnante supérieure à 1. Les
valeurs de $\frac{3\,A}{2}$ ou de $\frac{3\,B}{2}$ pourraient donc être tous les
intervalles simples qui correspondent aux nombres
5, 7, 9, 11. Mais, si l'on considère que les intervalles
qui répondent au nombre 11 ne différent pas de deux
commas ordinaires de ceux qui sont fournis par des nombres plus simples, on verra qu'on peut négliger les premiers, parce qu'ils donneraient lieu à des tétracordes se
rattachant à d'autres par le simple changement de certaines notes ordinaires en notes de passage rapide. Les
seules valeurs admissibles pour $\frac{3\,A}{2}$ ou pour $\frac{3\,B}{2}$ sont
donc les suivantes :

$$\frac{3\,A}{2} \text{ ou } \frac{3\,B}{2} = \frac{14}{9} , \frac{8}{5} , \frac{5}{3} , \frac{12}{7} , \frac{7}{4} , \frac{16}{9} ;$$

d'où l'on tire :

$$A \text{ ou } B = \frac{28}{27} , \frac{16}{15} , \frac{10}{9} , \frac{8}{7} , \frac{7}{6} , \frac{32}{27}.$$

et en associant chaque valeur de A avec chaque valeur

de B, on trouve les tétracordes qui composent les genres
musicaux que nous avons déterminés plus haut.

M. Vincent a appliqué à la première strophe de l'ode
cinquième du premier livre d'Horace *ad Pyrrham* (1)
un air qui ne contient que les notes du tétracorde dans
le genre enharmonique avec la *proslambanomène*, c'est-
à-dire, *la*, *si*, *si* ×, *ut*, *mi* (en représentant par le
signe × l'élévation d'un quart de ton).

En étudiant cet air, on reconnait que les notes *si*,
si ×, *ut* ont constamment une disposition et une rapidité telles que dans l'intervalle composé relatif à chacune
d'elles, celle-ci fait avec les autres des consonnances
mélodiques. Ce qui fournit une nouvelle confirmation de
notre théorie.

En comparant les faits observés dans le plain-chant
avec la constitution des genres diatoniques de Ptolémée
et de Pythagore ou de Platon, on peut conclure que c'é-
tait ce dernier genre musical et non l'autre qui servait
au chant ecclésiastique.

En effet, nous avons vu (2) que l'intervalle de triton
fa-si était, dans le plain-chant, si intolérable que, toutes
les fois qu'il se présentait, on l'évitait avec le plus
grand soin en bémolisant d'ordinaire le *si*. Or, ce n'était
pas seulement lorsque les notes *fa*, *si* se succédaient immédiatement, que leur intervalle était repoussé, mais
encore quand ces deux notes étaient séparées par d'autres, sans cesser d'être en rapport entre elles. S'il y
avait, par exemple, dans une mélodie un passage sem-
blable à celui-ci *ré*, *fa*, *sol*, *la*, *si*, *la*, ou à cet autre *fa*, *la*, *si*, *ut*, on remplaçait *si* par *si* ♭, pour éviter
la relation du *si* avec le *fa* (3). Or, dans nos idées, rien

(1) De la Musique des anciens Grecs, par M. Vincent.
(2) Voir l'Introduction.
(3) Gazette Musicale, année 1850, n° 10.

ne s'oppose à l'exécution de ces deux passages, quand on se sert du genre diatonique dur de Ptolémée, tandis que, dans le genre diatonique de Platon, le *fa* donne avec le *si*, un intervalle altéré de plus d'un comma ordinaire, et cette altération n'est tolérée qu'autant que l'une au moins des deux notes *fa*, *si*, passe avec une certaine rapidité, ce qui d'ordinaire n'avait pas lieu dans les mélodies du plain-chant.

Nous sommes ainsi conduits à admettre avec M. Vincent (1), et les auteurs sur les témoignages desquels il s'appuie, que le genre du plain-chant était celui de Pythagore ou de Platon.

L'Église latine l'a employé sous les sept modes dont il est susceptible. Ces sept modes sont les sept tons du plain-chant, et, suivant que l'on prend pour dominante la quinte ou la quarte, le ton est *authente* ou *plagal*.

Les musiciens de l'Europe moderne n'ont que deux modes, qui sont empruntés au genre diatonique dur de Ptolémée. Ces deux modes sont :

1° Celui qui est exprimé par la série :

$$1 \, , \ \frac{9}{8} \, , \ \frac{5}{4} \, , \ \frac{4}{3} \, , \ \frac{3}{2} \, , \ \frac{5}{3} \, , \ \frac{15}{8} \, , \ 2 \, ,$$

qui est représenté par les notes :

ut, *ré*, *mi*, *fa*, *sol*, *la*, *si*, *ut*

et que l'on nomme la *gamme majeure*.

2° Celui qui est exprimé par la série :

$$1 \, , \ \frac{9}{8} \, , \ \frac{6}{5} \, , \ \frac{4}{3} \, , \ \frac{3}{2} \, , \ \frac{8}{5} \, , \ \frac{16}{9} \, , \ 2 \, ,$$

qui est représenté par les notes :

la, *si*, *ut*, *ré*, *mi*, *fa*, *sol*, *la*.

et que l'on nomme la *gamme mineure*.

Toutefois, lorsqu'on monte cette dernière gamme, on est dans l'usage d'y substituer la suivante :

(1) Voir l'Introduction.

$$1, \quad \frac{9}{8}, \quad \frac{6}{5}, \quad \frac{4}{3}, \quad \frac{3}{2}, \quad \frac{5}{3}, \quad \frac{15}{8}, \quad 2,$$

qui est représentée par les notes :

la, si, ut, ré, mi, fa ♯*, sol* ♯*, la*

et que l'on nomme la *gamme mineure ascendante.*

La gamme mineure ascendante provient, comme les deux autres gammes, de la série consonnante $1, \frac{6}{5}, \frac{4}{3}, \frac{8}{5}, \frac{16}{9}$, et on l'obtient, en intercalant entre 1 et $\frac{6}{5}$ et entre $\frac{4}{3}$ et $\frac{8}{5}$ un son intermédiaire faisant avec l'un d'eux un intervalle égal à $\frac{16}{15}$. Seulement au lieu de s'unir par la note sensible avec le 1er son du premier tétracorde, c'est avec le 2e que le son intermédiaire s'unit, de sorte que l'on a :

$$1, \quad \frac{9}{8}, \quad \frac{6}{5}, \quad \frac{4}{3}, \quad \frac{64}{45}, \quad \frac{8}{5}, \quad \frac{16}{9}, \quad 2.$$

Et, en prenant l'expression de l'intervalle composé relatif au son $\frac{6}{5}$, on obtient :

$$1, \quad \frac{9}{8}, \quad \frac{6}{5}, \quad \frac{4}{3}, \quad \frac{3}{2}, \quad \frac{5}{3}, \quad \frac{15}{8}, \quad 2.$$

On peut voir que les intervalles composés relatifs à $\frac{6}{5}$ et à $\frac{15}{8}$ n'ont que deux consonnances absolues égales en somme à 2, et deux dissonnances de pareille somme. Par conséquent la consonnance de ces deux intervalles composés n'est due qu'à la consonnance mélodique qu'ils contiennent. D'où il suit que la gamme mineure ascendante est bien moins consonnante que la gamme mineure descendante. C'est ce qui explique pourquoi on abandonne la première quand on descend la gamme.

Dans la gamme chantée $1, \frac{9}{8}, \frac{5}{4}, \frac{4}{3}, \frac{3}{2}, \frac{5}{3}, \frac{15}{8}$, on peut remplacer $\frac{9}{8}$ par $\frac{10}{9}$ sans que le caractère de la gamme soit changé. Toutefois, si dans le chant la note $\frac{9}{8}$ ou *ré* succède immédiatement à la note 1 ou *ut*, l'intervalle composé relatif à *ut* ou à *ré* contiendra la consonnance mélodique qui a lieu de *ut* à *ré*, et comme cette consonnance est plus grande quand on attribue à *ré* la valeur $\frac{10}{9}$, c'est cette valeur que l'oreille entendra. Ce résultat théorique est confirmé par l'expérience (1).

Quand on veut transporter la gamme sur une tonique autre que la note *ut*, on est obligé d'augmenter ou de diminuer la valeur de certaines notes.

Par exemple, si l'on voulait commencer par *sol* la gamme majeure, il faudrait que la 7e note de cette gamme ne différât de l'octave *sol* que de l'intervalle $\frac{16}{15}$. Cette 7e note devrait donc être $5 : \frac{16}{15}$, ou $\frac{45}{16}$, ou encore $\frac{8}{3} \times \frac{25}{24} \times \frac{81}{80}$, c'est-à-dire, *fa dièze*, augmenté du comma ordinaire $\frac{81}{80}$.

Supposons actuellement que l'on voulût avoir l'octave d'une gamme majeure ayant *fa* pour 7e note ; on l'obtiendrait en multipliant $\frac{8}{3}$ par $\frac{16}{15}$, ce qui donnerait $\frac{128}{45}$ ou $5 \times \frac{24}{25} \times \frac{80}{81}$, c'est-à-dire, *sol bémol*, diminué du comma ordinaire $\frac{81}{80}$.

Or $\frac{45}{16}$ est moindre que $\frac{128}{45}$ d'une quantité égale à $\frac{2048}{2025}$. Ainsi, dans la gamme chantée, entre deux notes naturelles distantes d'un ton, le *dièze* est plus près de la note inférieure que le *bémol*. C'est en effet le résultat que donne l'expérience (2).

Nous verrons que le contraire doit avoir lieu dans la gamme de l'harmonie.

Dans la gamme du tempérament égal, les demi-tons sont des douzièmes d'octave, et les tons sont formés de deux demi-tons. D'après cela la valeur du demi-ton a

----

(1) Expériences et observations **sur le** *ré* de la gamme, par M. Delezenne. *Extrait des Mémoires de la Société des Sciences de Lille.*

(2) Introduction p. xiv.

pour logarithme acoustique 4,6498 , et la gamme majeure , au lieu d'être représentée par :

$$1, \quad \frac{9}{8}, \quad \frac{5}{4}, \quad \frac{4}{3}, \quad \frac{3}{2}, \quad \frac{5}{3}, \quad \frac{15}{8}$$

l'est par :

$$1, \quad \frac{9}{8}\frac{1}{\alpha^2}, \quad \frac{5}{4}\alpha^7, \quad \frac{4}{3}\alpha, \quad \frac{3}{2}\frac{1}{\alpha}, \quad \frac{5}{3}\alpha^8, \quad \frac{15}{8}\alpha^6.$$

L α étant égal à 0,0909, et par conséquent α'' valant
exactement un comma ordinaire.

Il est facile de voir dès lors, en appliquant la règle
de la page 33, que cette série équivaut à

$$1, \quad \frac{9}{8}, \quad \frac{5}{4}, \quad \frac{4}{3}, \quad \frac{3}{2}, \quad \frac{5}{3}, \quad \frac{15}{8}.$$

Les portions de gamme qui servent à composer des
airs doivent être considérées comme des gammes com-
plètes.

Par exemple les deux séries :

ut , ré , mi , fa , sol , la ,
ut , ré , mi , fa , sol ;

ont tous leurs intervalles composés consonnants , pourvu
que l'on subordonne les notes *mi* et *fa*. Dans celle-ci :
ut , ré , mi , fa , outre cette subordination , il est nécessaire d'en établir une autre entre *ré* et *mi* , et dans la
série *ut , ré , mi ,* il faut, pour avoir des intervalles
composés consonnants , que *ré* soit subordonné non-seulement à *mi* , mais encore à *ut*. Si l'on étudie de cette
manière les airs de moins de sept notes , on verra qu'ils
remplissent tous les conditions précédentes.

Il n'est pas nécessaire que les notes , dont certains
airs se composent, soient des portions régulières de la
gamme, pour présenter les caractères d'une gamme complète. La série *ut , ré , mi , sol ,* par exemple , a tous ses
intervalles composés consonnants, quand on subordonne
les notes *ré* et *mi* , et peut par conséquent servir à composer des mélodies agréables à l'oreille.

CHAPITRE QUATRIÈME.

DE L'HARMONIE.

DES ACCORDS ET DE LEURS RENVERSEMENTS. — ACCORDS CONSONNANTS, ACCORDS DISSONNANTS, ACCORDS PARFAITS. — PRÉPARATION DES ACCORDS DISSONNANTS ET DE LA QUARTE JUSTE. — RÉSOLUTION DES ACCORDS DISSONNANTS. — EMPLOI DES ACCORDS DISSONNANTS SANS PRÉPARATION ET EN PARTICULIER DE L'ACCORD DE SEPTIÈME DE DOMINANTE. — GAMME PROPRE A L'HARMONIE. — DES DIÈSES ET DES BÉMOLS DANS CETTE GAMME. — ENCHAÎNEMENT DES ACCORDS PAR *QUARTS* DE TON. — EMPLOI DE LA GAMME DU TEMPÉRAMENT ÉGAL DANS L'HARMONIE.

On nomme *accord* toute combinaison de sons simultanés. Un accord peut encore être considéré comme une succession de sons d'une rapidité infinie.

Un accord est dit *renversé* quand on met à la basse l'une de ses notes hautes, d'où il suit qu'un accord est susceptible d'autant de renversements qu'il a de sons moins un. Les notes hautes d'un renversement peuvent d'ailleurs être disposées dans un ordre quelconque, sous le rapport de leur grandeur relative.

Une succession de sons ne peut que perdre de sa consonnance à mesure qu'elle devient plus rapide. D'un autre côté, il ne peut y avoir de consonnances mélodiques là où les sons se produisent simultanément. Par conséquent les accords consonnants ne peuvent se trouver que parmi les séries consonnantes sans notes sensibles. Ces successions, quand elles se changeront en accords, deviendront d'autant plus dissonnantes qu'elles renfermeront plus de dissonnances, et que ces dissonnances seront plus fortes. Quant aux successions qui ne contiennent aucune dissonnance, elles restent consonnantes au même degré. Ces considérations nous conduisent à ranger les séries consonnantes sans notes sensibles, d'après le nombre et la force de leurs dissonnances, pour avoir les accords les plus consonnants ou les moins dissonnants, et nous obtenons la classification suivante :

1° Séries n° 2 et n° 3 : $1, \frac{6}{5}, \frac{3}{2}$; $1, \frac{5}{4}, \frac{3}{2}$ qui n'ont aucune dissonnance ;

2° Série n° 9 : $1, \frac{6}{5}, \frac{10}{7}$ qui n'a qu'une dissonnance nulle ;

3° Série n° 8 : $1, \frac{6}{5}, \frac{10}{7}, \frac{12}{7}$ qui a trois dissonnances nulles ;

4° Série n° 4 : $1, \frac{6}{5}, \frac{3}{2}, \frac{16}{9}$ et Série n° 6 : $1, \frac{4}{3}, \frac{16}{9}$ qui n'ont qu'une dissonnance égale à 1 ;

5° Série n° 7 : $1, \frac{8}{7}, \frac{4}{3}, \frac{12}{7}$ qui a trois dissonnances nulles et une dissonnance égale à 1 ;

6° Série n° 5 : $1, \frac{6}{5}, \frac{4}{3}, \frac{16}{9}$ qui a deux dissonnances égales à 1 ;

7° Série n° 1 : $1, \frac{9}{8}, \frac{4}{3}, \frac{3}{2}, \frac{16}{9}$ qui a trois dissonnances égales à 1 ;

8ᵉ Série n° 10 : 1 , $\frac{6}{5}$, $\frac{10}{7}$, $\frac{8}{5}$, $\frac{16}{9}$ qui a trois dissonnances égales à 1 et une dissonnance nulle.

Les accords 1 , $\frac{5}{4}$, $\frac{3}{2}$; 1 , $\frac{6}{5}$, $\frac{3}{2}$ sont connus dans
la pratique sous le nom d'*accords parfaits*. Le premier,
sol, *si*, *ré*, est l'*accord parfait majeur ;* l'autre , *sol* ,
si ♭ , *ré* , est l'*accord parfait mineur*.

L'accord 1 , $\frac{6}{5}$, $\frac{10}{7}$ est l'*accord diminué sol*, *si* ♭,
ré ♭. C'est l'accord le plus consonnant après les accords
parfaits.

L'accord 1 , $\frac{6}{5}$, $\frac{10}{7}$, $\frac{12}{7}$, ou *si* , *ré* , *fa*, *la* ♭ , se
nomme *accord de septième diminuée*, et s'emploie sans
préparation.

L'accord 1 , $\frac{6}{5}$, $\frac{3}{2}$, $\frac{16}{9}$, ou *sol*, *si* ♭, *ré*, *fa* , est connu sous le nom d'*accord de septième* de *deuxième
espèce*.

Les accords tirés des autres séries sans notes sensibles ne sont point désignés par des noms particuliers.

Voici du reste , suivant Reicha , la classification des
accords pratiqués.

1° Accord parfait majeur.   .   .   .   *sol*,   *si*,   *ré* ;
2° Accord parfait mineur.   .   .   .   *sol*,   *si* ♭,   *ré* ;
3° Accord diminué.   .   .   .   .   .   *sol*,   *si* ♭,   *ré* ♭;
4° Accord de quinte aug-
    mentée.   .   .   .   .   *sol*,   *si* ,   *ré* ♯;
5° Accord de septième de
    dominante.   .   .   .   .   *sol*,   *si* ,   *ré* ,   *fa* ;
6° Accord de septième de
    deuxième espèce.   .   .   *sol*,   *si* ♭,   *ré* ,   *fa* ;
7° Accord de septième de
    troisième espèce.   .   .   *sol*,   *si* ♭,   *ré* ♭,   *fa* ;
8° Accord de septième de
    quatrième espèce.   .   .   *sol*,   *si* ,   *ré* ,   *fa* ♯;

9° Accord de 9ᵉ majeure. *sol , si , ré , fa , la ;*
10° Accord de 9ᵉ mineure. *sol , si , ré , fa , la♭ ;*
11° Accord de sixte aug-
     mentée. . . . . . *ré♭, fa, la♭, si ;*
12° Accord de quarte et de
     sixte augmentées. . . *ré♭, fa, sol, si ;*
13° Accord de quarte aug-
     mentée avec septième. . *sol, fa, si, ré♯.*

L'accord de septième diminuée n'est autre chose que l'accord de neuvième mineure sans la basse *sol.*

Ce ne sont point, comme nous l'avons vu, les séries les plus consonnantes qui donnent lieu aux accords les plus consonnants. Nous devons donc penser que des accords, ne dérivant pas des séries consonnantes sans notes sensibles, peuvent être plus consonnants que certains autres qui en dérivent, parce qu'ils renferment, ou moins de dissonnances, ou des dissonnances moins fortes. C'est en effet ce qui a lieu. Ainsi, en ajoutant la dissonnance $\frac{7}{4}$ à l'accord parfait majeur, on obtient l'accord de sixte augmentée 1 , $\frac{5}{4}$, $\frac{3}{2}$, $\frac{7}{4}$, ou *ré♭, fa, la♭, si,* qui ne contient que trois dissonnances nulles, et qui s'emploie sans préparation. De même, en ajoutant au même accord parfait la dissonnance $\frac{16}{9}$, on a l'accord de septième de dominante 1 , $\frac{5}{4}$, $\frac{3}{2}$, $\frac{16}{9}$, ou *sol, si, ré, fa,* qui a une dissonnance égale à 1 et une dissonnance nulle, et qui s'emploie également sans préparation.

Les accords dissonnants peuvent être rendus consonnants en *préparant* les dissonnances qu'ils contiennent. Par exemple, veut-on rendre consonnant l'accord de quinte augmentée 1 , $\frac{5}{4}$, $\frac{25}{16}$, ou *sol, si, ré♯ ?*

Il suffit de préparer la dissonnance $\frac{25}{16}$, ou *sol-ré♯,* en la faisant précéder par la quinte juste $\frac{3}{2}$, ou *sol-ré.*

Autre exemple. Soit l'accord de 7e de 2e espèce

$$sol, \ si\flat, \ ré, \ fa, \ \text{ou} \ 1, \ \frac{6}{5}, \ \frac{3}{2}, \ \frac{16}{9}.$$

Pour le rendre consonnant, il faut préparer la 7^e $\frac{16}{9}$, ou *sol-fa*. A cet effet, on fait précéder de

l'accord parfait $\qquad$ *fa, fa, la, fa,*
$$ 1 \quad 2 \quad 2 \quad\quad 3$$

l'accord proposé $\qquad$ *sol, ré, si$\flat$, fa;*
$$ 1 \quad 2 \quad 2 \quad\quad 3$$

alors l'oreille entend l'octave *fa-fa*, avant d'entendre la
$$ 1 \quad 2$$
septième *sol-fa*. La dissonnance *sol-fa* est ainsi prépa-
$$ 1 \quad 3$$
rée et l'accord proposé devient consonnant.

Autre exemple. Si l'on voulait rendre consonnant l'accord de 7e de 4e espèce, *sol, si, ré, fa$\sharp$*, ou $1, \frac{5}{4}, \frac{3}{2}, \frac{15}{8}$, on n'aurait qu'à préparer la 7e *sol-fa$\sharp$*. L'on y parviendrait en faisant précéder par

l'accord parfait $\qquad$ *ré, fa$\sharp$, la, ré, fa$\sharp$,*
$$ 1 \quad 2 \quad\quad 2 \quad 3 \quad 3$$

l'accord proposé $\qquad$ *sol, sol, si, ré, fa$\sharp$,*
$$ 1 \quad 2 \quad\quad 2 \quad 3 \quad 3$$

et la septième *sol-fa$\sharp$* serait préparée par l'octave
$$ 2 \quad 3$$
fa$\sharp$-fa$\sharp$.
$$ 2 \qquad 3$$

L'expérience prouve que les accords où se trouve une quarte juste entre la basse et une partie supérieure, produisent un mauvais effet. En voici probablement la raison : quand la basse se fait entendre, l'oreille entend en même temps ses sons harmoniques, et principalement sa quinte qui est le premier de ces sons. Par conséquent l'accord où se trouve la quarte de la basse, renferme aussi sa quinte, et par suite l'intervalle de la quarte à la quinte, c'est-à-dire un intervalle de seconde qui est une dissonnance. C'est à cette dissonnance qu'il faut attribuer le mauvais effet produit sur l'oreille, à moins qu'on ne prépare l'intervalle de seconde par l'unisson.

Soit, par exemple, l'accord de quarte juste *sol-ut*. En faisant précéder cet accord par l'accord consonnant $\underset{1\ \ 2}{sol\text{-}ré}$, l'oreille entendra l'unisson $\underset{2\ \ 2}{ré\text{-}ré}$ en même temps que la dissonnance de seconde $\underset{2\ \ 2}{ut\text{-}ré}$, et cette dissonnance sera ainsi *sauvée*.

Soit encore l'accord de quarte juste *la-ré*, en le faisant précéder de l'accord consonnant $\underset{1\ \ 2}{sol\text{-}ré}$, l'unisson $\underset{2\ \ 2}{ré,ré}$ préparera la dissonnance $\underset{2\ \ 2}{ré\text{-}mi}$, et l'accord de quarte sera rendu consonnant.

La dissonnance apparente de la quarte juste a fait regarder cet intervalle comme une dissonnance réelle, qu'on a cherché à éviter. C'est pour cela sans doute que, dans les tons plagaux du plainchant, on substituait, à la quarte, la quinte inférieure pour en faire la note dominante du chant, et que, par là, la tonique, par laquelle le chant se terminait, se trouvait à la quarte de la note basse.

Lorsqu'un accord est suivi d'un ou de plusieurs autres, et que le dernier de tous est un accord parfait, cette succession s'appelle la *résolution* du premier sur le dernier.

Quand deux accords se succèdent, il faut concevoir que chacune des notes du premier forme un chant avec une des notes du second. D'où il suit, d'après les principes de la mélodie (1), que chacune des notes du premier accord doit faire avec une des notes du second une consonnance, soit absolue, soit mélodique.

Voici quelques exemples de résolution d'accords où l'on reconnaîtra l'application de la règle précédente. Ces exemples sont empruntés au Traité d'Harmonie de Reicha.

____
(1) P. 35.

1° Soit à résoudre l'accord de septième de deuxième espèce *sol* , *si* ♮ , *ré* , *fa*.

On le prépare d'abord par

l'accord parfait . . .   *fa* , *fa* , *la* , *fa* ,
$\qquad\qquad\qquad\quad$ 1 $\quad$ 2 $\quad$ 2 $\quad$ 3

Puis on fait suivre

l'accord proposé. . .   *sol* , *ré* , *si* ♮ , *fa* ,
$\qquad\qquad\qquad\quad$ 1 $\quad$ 2 $\quad$ 2 $\quad$ 3

de l'accord parfait. . .   *ut* , *mi* , *sol* , *mi* ,
$\qquad\qquad\qquad\quad$ 2 $\quad$ 2 $\quad$ 2 $\quad$ 3

et l'on a :

Du 1er accord au 2e :

La seconde majeure. . . . . .   *fa* , *sol* ,
$\qquad\qquad\qquad\qquad\qquad$ 1 $\quad$ 1

La tierce mineure. . . . . .   *fa* , *ré* ,
$\qquad\qquad\qquad\qquad\qquad$ 2 $\quad$ 2

La seconde mineure. . . . . .   *la* , *si* ♮ ,
$\qquad\qquad\qquad\qquad\qquad$ 2 $\quad$ 2

L'unisson. . . . .   *fa* , *fa*.
$\qquad\qquad\qquad\qquad\qquad$ 3 $\quad$ 3

Du 2e accord au 3e :

La quarte juste. . . . . . .   *sol* , *ut* ,
$\qquad\qquad\qquad\qquad\qquad$ 1 $\quad$ 2

La seconde majeure. . . . . .   *ré* , *mi* ,
$\qquad\qquad\qquad\qquad\qquad$ 2 $\quad$ 2

La tierce mineure. . . . .   *si* ♮ , *sol* ,
$\qquad\qquad\qquad\qquad\qquad$ 2 $\qquad$ 2

La seconde mineure. . . . .   *fa* , *mi*.
$\qquad\qquad\qquad\qquad\qquad$ 3 $\quad$ 3

2° Résolution de l'accord de septième , de quatrième espèce , *sol* , *si* , *ré* , *fa* ♯.

Accord préparatoire. . . *ré* , *fa* ♯ , *la* , *ré* , *fa* ♯ ,
$\qquad\qquad\qquad\qquad$ 1 $\qquad$ 2 $\quad$ 2 $\quad$ 3 $\quad$ 3

Accord proposé. . . . *sol* , *sol* , *si* , *ré*. , *fa* ♯ ,
$\qquad\qquad\qquad\qquad$ 1 $\qquad$ 2 $\quad$ 2 $\quad$ 3 $\quad$ 3

Accord de 7e de 3e espèce. *ut* ♯ , *sol* , *si* , *ut* ♯ , *mi* ,
$\qquad\qquad\qquad\qquad$ 1 $\qquad$ 2 $\quad$ 2 $\quad$ 3 $\quad$ 3

Accord de 7e de dominante *fa* ♯ , *fa* ♯ , *la* ♯ , *ut* ♯ , *mi* ,
$\qquad\qquad\qquad\qquad$ 1 $\qquad$ 2 $\quad$ 2 $\quad$ 3 $\quad$ 3

Résolution finale.. . .   *si* . *fa* ♯ , *si* , *ré*.
$\qquad\qquad\qquad\qquad$ 1 $\qquad$ 2 $\quad$ 2 $\qquad$ 3

Du 1er accord au 2e on trouve :

La quarte juste.. . . . . . *ré* , *sol* ,
                             1   1

La seconde mineure. . . . . *fa* ♯, *sol* ,
                             2   2

La seconde.. . . . . . . *la* , *si* ,
                          2   2

L'unisson. . . . . *ré* , *ré* ,
                          3   3

L'unisson. . . . . *fa* ♯ , *fa* ♯.
                          3   3

Du 2e accord au 3e on a :

La quarte augmentée. . . . *sol* , *ut* ♯,
                            1   1

préparée par la quarte juste précédente *ré* , *sol* ,
                                         1   1

L'unisson. . . . . . . *sol*, *sol* ,
                        2   2

L'unisson. . . . . . *si* , *si* ,
                      2   2

La seconde mineure. . . . *ré* , *ut* ♯,
                           3   3

La seconde.. . . . . . *fa* ♯ , *mi*.
                        3   3

Du 3e accord au 4e on observe :

La quarte juste. . . . . . *ut* ♯, *fa* ♯,
                            1   1

La seconde mineure. . . . . *sol*, *fa* ♯,
                             2   2

La seconde mineure. . . . . *si*, *la* ♯,
                             2   2

et les unissons *ut* ♯–*ut* ♯, *mi–mi*.
                3   3   3   3

Enfin du 4e accord au 5e on a :

La quinte juste.. . . . . . *fa* ♯, *si* ,
                             1   1

La tierce majeure. . . . . . *la* ♯, *fa* ♯,
                              2   2

La seconde majeure. . . . . *ut* ♯, *si* ,
                             3   2

Et la seconde. . . . . . . *mi* , *ré*.
                            3   3

Les accords dissonnants employés sans préparation
font plus vivement désirer l'accord parfait qui les ré-

sout. C'est à cet usage que sert en particulier l'accord de septième de dominante.

Soit cet accord *sol*, *si*, *ré*, *fa*, et disposons-le de la manière suivante :

$$\underset{1}{Sol}, \ \underset{2}{fa}, \ \underset{3}{ré}, \ \underset{3}{si},$$

A cause de sa dissonnance, cet accord appellera l'accord parfait *ut*, *mi*, *sol*, et comme d'après la constitution de la gamme (1), le *fa* est subordonné au *mi*, et le *si* à l'*ut*, l'accord parfait, *ut*, *mi*, *sol*, devra être disposé de façon que le *fa* puisse descendre sur le *mi*, et le *si* monter à l'*ut*. Quant au *ré*, il suffit qu'il puisse monter au *mi*, ou descendre à l'*ut*, et, pour le *sol*, il pourra monter ou descendre à l'*ut*.

L'accord parfait, en présence de l'accord $\underset{1}{sol}, \underset{2}{fa}, \underset{3}{ré}, \underset{3}{si},$ devra donc offrir la disposition $\underset{1}{ut}, \underset{2}{mi}, \underset{3}{mi}, \underset{4}{ut}.$

Dans la résolution précédente les consonnances mélodiques $\underset{2}{fa}, \underset{2}{mi}$ et $\underset{3}{si}, \underset{4}{ut}$ sont d'autant plus grandes que le *fa* est plus près du *mi*, et le *si* de l'*ut*. On obtiendra donc un meilleur effet en augmentant le *si* et le *mi* d'un comma ordinaire. Dès lors, le demi-ton de la gamme n'est plus $\frac{16}{15}$, mais $\frac{16}{15} \times \frac{80}{81} = \frac{256}{243}$, et par suite tous les tons deviennent égaux à $\frac{9}{8}$, c'est-à-dire, que la gamme devient celle de Pythagore et de Platon.

En diminuant $\frac{16}{15}$ du comma ordinaire $\frac{81}{80}$, l'intervalle *fa*, *si*, qui était représenté par $\frac{45}{32}$, devient $\frac{45}{32} \cdot \frac{81}{80}$ et comme on a : $\frac{45}{32} = \frac{7}{5} \times \frac{225}{224}$, $\frac{45}{32} \cdot \frac{81}{80}$ est égal à $\frac{7}{5} \times \frac{81}{80} \times \frac{225}{224}$. Mais l'altération $\frac{81}{80} \cdot \frac{225}{224}$ que subit $\frac{7}{5}$, altération qui est plus grande qu'un comma ordinaire, est parfaitement tolérée par l'oreille à cause de la simultanéité des deux sons *fa* et *si*.

Il est à remarquer que, dans la gamme de l'harmonie, le *dièse* diffère de la note naturelle suivante de l'intervalle $\frac{256}{243}$ ou $\frac{16}{15}\cdot\frac{80}{81}$ et comme on a : $\frac{25}{24}\times\frac{16}{15}=\frac{10}{9}$, on en déduit $\frac{25}{24}\left(\frac{81}{80}\right)^{2}\times\frac{16}{15}\cdot\frac{80}{81}=\frac{9}{8}$. D'où il suit que la distance du *dièse* à la note précédente est $\frac{25}{24}\left(\frac{81}{80}\right)^{2}$, tandis que sa distance à la note suivante est $\frac{16}{15}\cdot\frac{80}{81}$.

La première distance a pour logarithme acoustique 5,2861. Le logarithme acoustique de la seconde est 4,1950. On voit donc que, dans l'harmonie, le *dièze* est plus près de la note naturelle suivante que de celle qui le précède.

Pour le *bémol*, on aurait le même résultat en sens contraire.

C'est là la raison pour laquelle, dans l'enchaînement des accords, un *bémol* descend toujours sur la note naturelle inférieure, tandis qu'un *dièse* monte constamment sur la note naturelle d'en haut.

Si l'on faisait succéder à un accord un autre accord dont chaque note fut distante de moins d'un demi-ton de chaque note du premier, les consonnances mélodiques, servant de lien entre les deux accords, deviendraient plus grandes, et l'enchaînement des accords serait évidemment plus agréable. C'est ce qui a été réalisé par M. Vincent (1).

Pour expliquer clairement cette innovation, prenons l'accord de septième diminuée :   *si, ré, fa, la* ♮. Cet accord se résout sur l'accord parfait *ut, mi* ♮, *sol*, et dans cette succession on trouve, de *si* à *ut*, de *ré* à

____

(1) Voir l'Introduction.

mi ♭, et de *la* ♮ à *sol*, une seconde mineure , et une seconde majeure de *fa* à *sol*.

Maintenant , si à l'accord de septième diminuée ,

si ,   *ré* ,   *fa* ,   *la* ♮ ,

on présentait l'accord de septième de dominante

si + ,   *ré* + ,   *fa* + ,   *sol* + ,

en élevant chaque note d'un quart de ton, ce qu'indique le signe + , chaque note de cet accord différerait
de chaque note du premier , d'un quart de ton.

L'accord de septième de dominante peut d'ailleurs être
suivi de l'accord parfait *ut* + , *mi* ♮ + , *sol* + , et l'on a :
une seconde mineure de *si* + à *ut* + , de *ré* + à *mi* ♮ + ,
et une seconde majeure de *fa* + à *sol* +.

Dans la gamme du tempérament égal , une seule note
intermédiaire peut servir pour le *dièse* et pour le *bémol*,
placés entre deux notes naturelles distantes d'un ton. L'intervalle que cette note intermédiaire fait avec chacune des notes naturelles qui la comprennent, a pour
logarithme acoustique 4,6498, et diffère par conséquent
de moins qu'un comma ordinaire de la véritable valeur
soit du *dièse* , soit du *bémol*. Elle peut donc remplacer
l'une ou l'autre de ces deux notes, et l'oreille y substitue le *dièse* ou le *bémol* suivant qu'elle monte à la note
d'en haut ou qu'elle descend sur la note d'en bas.

CONCLUSION.

Dans l'introduction de ce travail nous avons exposé les faits musicaux constatés par la pratique des musiciens ou par les recherches des savants. Nous allons réunir ici en résumé succint les principales conséquences de la théorie qui vient d'être développée, pour faire ressortir la conformité qui existe entre elles et l'expérience.

MÉLODIE.

1° Une *gamme*, c'est-à-dire, une succession de sons rangés par ordre de grandeur depuis l'unisson jusqu'à l'octave, peut être considérée comme un *genre musical* susceptible d'autant de modes qu'il a de sons (p. 35).

2° Quand on veut représenter un genre musical en désignant par l'unité le son le plus grave, et les autres par des fractions comprises entre 1 et 2, il existe pour cette expression une forme plus simple que toutes les autres. Lorsque le genre musical proposé est mis sous cette forme, on peut, sous certaines conditions, altérer les fractions qu'elle renferme, de petites quantités commensurables ou incommensurables, sans que la nature du genre musical soit changée (p. 49).

3° Il y a trois sortes de genres musicaux, savoir : les genres *sans notes sensibles*, les genres *à simples notes sensibles*, et les genres *à doubles notes sensibles*.

Les premiers sont ceux dont toutes les notes peuvent être placées dans un ordre quelconque, sans que leur succession cesse d'être consonnante. Les seconds sont ceux qui renferment des systèmes de deux notes subordonnées l'une à l'autre, de manière que, lorsque l'une d'elle a paru dans un chant et que l'autre s'y présente, les deux notes doivent se trouver ensemble. Enfin les genres à doubles notes sensibles sont ceux qui renferment des systèmes de trois notes subordonnées les unes aux autres, de manière que lorsque l'une d'elles a paru dans un chant et qu'une autre vient à s'y présenter, ces deux notes doivent se trouver ensemble, et que les trois notes doivent être ensemble lorsque, deux d'entre elles ayant paru, la troisième se présente (p. 35 et 36).

4° Le nombre des genres musicaux sans notes sensibles est limité à *dix*. Les voici dans l'ordre de consonnance et sous leurs formes les plus simples.

$$\text{N}^\text{o} \ 1\ldots\ldots \ 1, \ \tfrac{9}{8}, \ \tfrac{4}{3}, \ \tfrac{3}{2}, \ \tfrac{16}{9};$$

$$\text{N}^\text{o} \ 2 \Big\}\ldots \ 1, \ \tfrac{5}{4}, \ \tfrac{3}{2};$$

$$\text{N}^\text{o} \ 3 \Big\}\ldots \ 1, \ \tfrac{6}{5}, \ \tfrac{3}{2};$$

$$\text{N}^\text{o} \ 4\ldots\ldots \ 1, \ \tfrac{6}{5}, \ \tfrac{3}{2}, \ \tfrac{16}{9};$$

$$\text{N}^\text{o} \ 5\ldots\ldots \ 1, \ \tfrac{6}{5}, \ \tfrac{4}{3}, \ \tfrac{16}{9};$$

$$\text{N}^\text{o} \ 6\ldots\ldots \ 1, \ \tfrac{4}{3}, \ \tfrac{16}{9};$$

$$\text{N}^\text{o} \ 7 \Big\}\ldots \ 1, \ \tfrac{6}{5}, \ \tfrac{10}{7}, \ \tfrac{12}{7};$$

$$\text{N}^\text{o} \ 8 \Big\}\ldots \ 1, \ \tfrac{8}{7}, \ \tfrac{4}{3}, \ \tfrac{12}{7};$$

$$\text{N}^\text{o} \ 9\ldots\ldots \ 1, \ \tfrac{6}{5}, \ \tfrac{10}{7};$$

$$\text{N}^\text{o} \ 10\ldots\ldots \ 1, \ \tfrac{6}{5}, \ \tfrac{10}{7}, \ \tfrac{8}{5}, \ \tfrac{16}{9} \ (\text{p. } 54).$$

5° Le nombre des genres musicaux à notes sensibles est, en quelque sorte illimité. On peut les obtenir en

insérant entre deux notes consécutives d'un genre sans
notes sensibles, une ou plusieurs notes intercalaires, subordonnées à l'une des deux précédentes.

6° Parmi les modes du genre musical sans notes sensibles désigné par le n° 1, se trouve celui-ci :

$$1 \ , \quad \frac{6}{5} \ , \quad \frac{4}{3} \ , \quad \frac{8}{5} \ , \quad \frac{16}{9} \cdot$$

Ce mode présente cette particularité qu'il est formé de
deux parties identiques et conjointes savoir :

$$1 \ , \quad \frac{6}{5} \ , \quad \frac{4}{3} \ \text{ et } \ \frac{4}{3} \ , \quad \frac{8}{5} \ , \quad \frac{16}{9} \cdot$$

Si l'on se propose d'insérer entre 1 et $\frac{6}{5}$ d'une part,
entre $\frac{4}{3}$ et $\frac{8}{5}$ d'autre part, une note intercalaire A, $\frac{4}{3}A$,
subordonnée à 1 et à $\frac{4}{3}$, de manière à avoir un genre à
simples notes sensibles, on trouve pour A les deux va-
leurs $\frac{28}{27}$ et $\frac{16}{15}$, et il en résulte les deux genres suivants
à simples notes sensibles :

$$1 \ , \quad \frac{28}{27} \ , \quad \frac{6}{5} \ , \quad \frac{4}{3} \ , \quad \frac{112}{81} \ , \quad \frac{8}{5} \ , \quad \frac{16}{9} \ ;$$

$$1 \ , \quad \frac{16}{15} \ , \quad \frac{6}{5} \ , \quad \frac{4}{3} \ , \quad \frac{64}{45} \ , \quad \frac{8}{5} \ , \quad \frac{16}{9} \cdot$$

Le premier est le *diatonique* d'Archytas (p. 57 et 58).

Le second est le *diatonique dur* de Ptolémée, qui est
le même que celui de Didyme (p. 59).

Le *diatonique dur* d'Aristoxène s'obtient en diminuant, dans le dernier des deux genres précédents,
$\frac{16}{15}$, $\frac{64}{45}$, $\frac{6}{5}$ et $\frac{8}{5}$, de légères quantités qui ne changent
pas la nature du genre (p. 59).

Le *diatonique* d'Eratosthène, qui est celui de Pythagore et de Platon, n'est que le même genre dans
lequel $\frac{16}{15}$, $\frac{64}{45}$, $\frac{6}{5}$ et $\frac{8}{5}$ ont été diminués d'une quantité
égale à $\frac{81}{80}$. Cette diminution produit deux effets diffé-

rents ; elle rend plus agréable l'intervalle des notes sensibles à leurs subordonnées respectives, et fait que l'intervalle de la note $\frac{64}{45}$ à la note 1 est insupportable, à moins que l'une au moins de ces notes ne passe rapidement dans le chant (p. 59).

Le *diatonique égal* de Ptolémée peut encore se rapporter au même genre en augmentant $\frac{16}{15}$ et $\frac{64}{45}$ (p. 59 et 60).

Le genre musical sans notes sensibles, désigné par le n° 8, a pour l'un de ses modes, l'expression $1, \frac{7}{6}, \frac{4}{3}, \frac{14}{9}$. En ajoutant à la fin la note $\frac{16}{9}$, on obtient une série qui se compose, comme celle qui représente le genre musical n° 1, de deux parties identiques conjointes et formant deux quartes. En se proposant encore d'insérer entre la 1re et la 2e note de chaque partie une note intercalaire A, $\frac{4}{3}$ A, subordonnée seulement à la première, de manière à former un genre musical à simples notes sensibles, on obtient pour A la valeur unique $\frac{28}{27}$ d'où le nouveau genre :

$$1, \quad \frac{28}{27}, \quad \frac{7}{6}, \quad \frac{4}{3}, \quad \frac{112}{81}, \quad \frac{14}{9}, \quad \frac{16}{9}.$$

Ce genre est le *diatonique mou* de Ptolémée (p. 61).

7° Si l'on prend le genre musical sans notes sensibles n° 6, $1, \frac{4}{3}, \frac{1}{9}$, qui est composé de deux quartes conjointes, on peut se proposer d'introduire dans chacune d'elles deux notes intercalaires A et B, $\frac{4}{3}$ A et $\frac{4}{3}$ B qui soient subordonnées toutes deux d'une part à la note 1 et de l'autre à la note $\frac{4}{3}$, de manière à former un genre à doubles notes sensibles. On trouve dans ce cas pour A et B les systèmes de valeurs suivants :

$$A = \frac{28}{27}, \quad \frac{28}{27}, \quad \frac{16}{15}, \quad \frac{16}{15} ;$$

$$B = \frac{16}{15}, \quad \frac{10}{9}, \quad \frac{10}{9}, \quad \frac{8}{7}.$$

D'où l'on déduit les quatre genres musicaux :

$$1 \;,\; \frac{28}{27} \;,\; \frac{16}{15} \;,\; \frac{4}{3} \;,\; \frac{112}{81} \;,\; \frac{64}{45} \;,\; \frac{16}{9} \;;$$

$$1 \;,\; \frac{28}{27} \;,\; \frac{10}{9} \;,\; \frac{4}{3} \;,\; \frac{112}{81} \;,\; \frac{40}{27} \;,\; \frac{16}{9} \;;$$

$$1 \;,\; \frac{16}{15} \;,\; \frac{10}{9} \;,\; \frac{4}{3} \;,\; \frac{64}{45} \;,\; \frac{40}{27} \;,\; \frac{16}{9} \;;$$

$$1 \;,\; \frac{16}{15} \;,\; \frac{8}{7} \;,\; \frac{4}{3} \;,\; \frac{64}{45} \;,\; \frac{32}{21} \;,\; \frac{16}{9} \;.$$

Le premier est *l'enharmonique* d'Archytas, et il s'y rattache :

1° L'*enharmonique* d'Ératosthène ,

2° L'*enharmonique* de Didyme ,

3° L'*enharmonique* d'Aristoxène ,

4° Le *chromatique mou* du même auteur ,

5° Le *chromatique moyen* du même.

Le second est le *chromatique mou* de Ptolémée , et viennent s'y rattacher :

1° Le *chromatique* d'Archytas ,

2° Le *chromatique* d'Ératosthène.

Le troisième est le *chromatique* de Didyme, et à ce genre se rattache le *chromatique dur* d'Aristoxène, et peut se rattacher le *chromatique* d'Ératosthène.

Au quatrième se rattachent :

Le *diatonique mou* d'Aristoxène, et pourrait se rattacher le *chromatique dur* de Ptolémée (p. 62—66).

Remarque. — En considérant les genres musicaux des Grecs , que nous venons d'indiquer, on voit que le genre *diatonique* est caractérisé par la condition de n'avoir que de simples notes sensibles, et que le genre *pycné*, qui comprend le *chromatique* et l'*enharmonique* , a pour caractère d'avoir des doubles notes sensibles. Le *pycnum* n'est autre chose que le double intervalle qui correspond à la double note sensible de chaque tétracorde. L'enharmonique se distingue d'ailleurs du

chromatique en ce que dans le premier de ces deux genres, le pycnum est sensiblement moindre que $\frac{10}{9}$, ou qu'un
ton, tandis qu'il est au moins égal à $\frac{10}{9}$, ou à un ton,
dans l'autre genre.

8° On pourrait enfin se proposer d'insérer, dans l'intervalle d'une quarte 1, $\frac{4}{3}$, deux notes A et B, en
s'imposant la condition que la note A, ou les deux notes
A et B, fussent subordonnées à la note 1. On arriverait
dans ce cas à des systèmes de valeur pour A et B, identiques à ceux que renferment les tétracordes conjoints
des genres musicaux indiqués dans les deux numéros
précédents (p. 69).

9° Le genre diatonique adopté dans le plain-chant
était celui d'Ératosthène ou de Platon, et non pas celui
de Ptolémée ou de Didyme : car, ce n'est que dans le
premier de ces deux genres qu'on peut s'expliquer l'effet intolérable de l'intervalle de triton (p. 70).

10° La gamme moderne chantée est représentée par
la série :

$$1, \quad \frac{9}{8}, \quad \frac{5}{4}, \quad \frac{4}{3}, \quad \frac{3}{2}, \quad \frac{5}{3}, \quad \frac{15}{8}, \quad 2.$$

et dans cette gamme, le *dièze* est plus près que le *bémol*
de la note naturelle inférieure (p. 71—73).

11° La gamme mineure ascendante, comme la gamme mineure descendante et la gamme majeure, provient de la série consonnante sans notes sensibles
$1, \frac{6}{5}, \frac{4}{3}, \frac{8}{5}, \frac{16}{9}$ dans laquelle on a intercalé une note
intermédiaire entre 1 et $\frac{6}{5}$ et une autre note entre $\frac{4}{3}$ et $\frac{8}{5}$,
faisant avec sa subordonnée un intervalle égal à $\frac{16}{15}$. Seu-
lement la première se subordonne à $\frac{6}{5}$, et la seconde à
$\frac{4}{3}$. Cette gamme mineure ascendante est exprimée

$$\text{par}: 1, \frac{9}{8}, \frac{6}{5}, \frac{4}{3}, \frac{3}{2}, \frac{5}{3}, \frac{15}{8}, 2 \text{ (p. 72).}$$

12° La gamme du tempérament égal n'est autre chose que la gamme 1 , $\frac{9}{8}$, $\frac{5}{4}$, $\frac{4}{3}$, $\frac{3}{2}$, $\frac{5}{3}$, $\frac{15}{8}$, 2 , dans laquelle les valeurs des notes sont altérées de petites quantités qui ne changent pas sensiblement la nature de cette gamme (p. 73 et 74).

13° Avec un certain nombre de notes de la gamme ordinaire on peut former d'autres gammes ayant toutes les caractères des gammes consonnantes de sept sons (p. 74).

14° Si , dans l'emploi de la gamme

$$1 , \frac{9}{8} , \frac{5}{4} , \frac{4}{3} , \frac{3}{2} , \frac{5}{3} , \frac{15}{8} , 2.$$

$$ut , ré , mi , fa , sol , la , si , ut.$$

on fait succéder le *ré* à l'*ut*, l'oreille substitue à l'intervalle $\frac{9}{8}$, l'intervalle $\frac{10}{9}$ (p. 72 et 73).

HARMONIE.

1° Il n'y a que deux accords parfaitement consonnants savoir :

L'accord parfait majeur 1 , $\frac{5}{4}$, $\frac{3}{2}$ et l'*accord parfait mineur* 1 , $\frac{6}{5}$, $\frac{3}{2}$. Tous les autres accords sont plus ou moins dissonnants. Les moins dissonnants sont : Les genres musicaux sans notes sensibles , qui occupent les premiers rangs dans l'ordre du plus petit nombre et de la moindre force de leurs dissonnances.

En rangeant dans cet ordre ces genres musicaux, on forme le tableau suivant :

N° 2 $\Big)$.. 1	$\frac{5}{4}$	$\frac{3}{2}$			
N° 3 $\Big)$.. 1	$\frac{6}{5}$	$\frac{3}{2}$			
N° 9.... 1	$\frac{6}{5}$	$\frac{10}{7}$			
N° 7.... 1	$\frac{6}{5}$	$\frac{10}{7}$	$\frac{12}{7}$		
N° 4 $\Big)$.. 1	$\frac{6}{5}$	$\frac{3}{2}$	$\frac{16}{9}$		
N° 6 $\Big)$.. 1	$\frac{4}{3}$	$\frac{16}{9}$			
N° 8.... 1	$\frac{8}{7}$	$\frac{4}{3}$	$\frac{12}{7}$		
N° 5.... 1	$\frac{6}{5}$	$\frac{4}{3}$	$\frac{16}{9}$		
N° 1.... 1	$\frac{9}{8}$	$\frac{4}{3}$	$\frac{3}{2}$	$\frac{16}{9}$	
N° 10.... 1	$\frac{6}{5}$	$\frac{10}{7}$	$\frac{8}{5}$	$\frac{16}{9}$	

Les deux premiers accords sont les deux accords parfaits.

L'accord 1 , $\frac{6}{5}$, $\frac{10}{7}$ est l'accord diminué.

L'accord 1 , $\frac{6}{5}$, $\frac{10}{7}$, $\frac{12}{7}$ est l'accord de septième diminuée.

L'accord 1 , $\frac{6}{5}$, $\frac{3}{2}$, $\frac{16}{9}$ est l'accord de septième de deuxième espèce.

L'accord diminué et l'accord de septième diminuée s'emploient sans préparation (p. 75—77).

2° Les accords dissonnants sont *préparés* par la préparation des dissonnances qu'ils renferment. Ainsi, pour préparer l'accord de quinte augmentée 1 , $\frac{5}{4}$, $\frac{25}{16}$, il suffit de préparer la dissonnance $\frac{25}{16}$ en la faisant précéder par la quinte juste $\frac{3}{2}$ (p. 78).

3° La quarte juste 1 , $\frac{4}{3}$ a besoin d'être préparée. En effet , quand on fait entendre le son 1 , l'oreille entend les harmoniques et principalement la quinte $\frac{3}{2}$, c'est-à-dire qu'elle entend l'accord 1 , $\frac{4}{3}$, $\frac{3}{2}$ qui contient la dissonnance $\frac{9}{8}$ qu'il faut préparer en la faisant précéder par l'unisson (p. 79 et 80).

4° Dans l'harmonie, les dièses sont plus près que les bémols de la note naturelle supérieure , contrairement à ce qui a lieu dans la mélodie (p. 83).

5° Si à un accord donné on fait succéder un second accord dont les notes diffèrent seulement d'un demi-ton de celles de l'accord donné ; si ensuite on remplace le second accord par un autre dont les notes diffèrent de celles de l'accord donné de moins d'un demi-ton , l'enchaînement dans ce dernier cas sera plus agréable que dans le premier et d'autant plus agréable que la distance des notes sera moindre.

Soit, par exemple, l'accord donné *si* , *ré* , *fa* , *la* ♭, qui se résout sur l'accord *ut* , *mi* ♭ , *sol*. Les distances des notes seront partout des demi-tons , excepté la distance de *fa* à *sol* qui sera d'un ton.

Si au second des deux accords précédents on substitue *si* + , *ré* + , *fa* + , *sol* + , en désignant par le signe + l'élévation d'un quart de ton , chaque note de ce nouvel accord différera d'un quart de ton de chaque note de l'accord donné.

En plaçant ensuite l'accord *ut* + , *mi* ♭ + , *sol* + , on achèvera la résolution , et la succession de ces trois accords sera plus agréable que la succession des deux accords primitifs (p. 84).

6° Dans la gamme du tempérament égal , une seule note intermédiaire peut servir pour le *dièse* et pour le *bémol*, placés entre deux notes naturelles distantes d'un ton (p. 84 et 85).

TABLE DES INTERVALLES

CORRESPONDANTS AUX NOMBRES IMPAIRS 3,5,7,9....25

AVEC LEURS LOGARITHMES ACOUSTIQUES ET LEURS MESURES (1).

Intervalles.	Logarithmes.	Mesures.	Intervalles.	Logarithmes.	Mesures.	Intervalles.	Logarithmes.	Mesures.
26/25	3.157232	20/19	26/23	9.869371	8/7	14/11	19.413314	9/7
25/24	3.286131	20/19	17/15	10.074401	8/7	23/18	19.732123	9/7
24/23	3.426008	19/18	25/22	10.290464	8/7	32/25	19.871999	9/7
23/22	3.578323	19/18	8/7	10.749149	8/7	9/7	20.230570	9/7
22/21	3.744816	18/17	23/20	11.250702	8/7	22/17	20.756107	9/7
21/20	3.927561	17/16	15/13	11.519479	8/7	13/10	21.120073	9/7
20/19	4.129061	17/16	22/19	11.801438	7/6	30/23	21.388849	13/10
19/18	4.352360	16/15	7/6	12.408981	7/6	17/13	21.593880	13/10
18/17	4.602309	15/14	20/17	13.083730	7/6	21/16	21.890403	13/10
17/16	4.879112	15/14	13/11	13.447696	13/11	25/19	22.091902	13/10
16/15	5.195289	14/13	19/16	13.833781	6/5	4/3	23.158131	4/3
15/14	5.553860	13/12	25/21	14.035280	6/5	23/17	24.334432	15/11
14/13	5.965619	13/12	6/5	14.676710	6/5	19/14	24.582930	15/11
13/12	6.443363	12/11	23/19	15.379763	6/5	34/25	24.750091	11/8
25/23	6.712139	12/11	17/14	15.628261	6/5	15/11	24.967174	11/8
12/11	7.004333	12/11	28/23	15.834989	11/9	26/19	25.249134	11/8
23/21	7.323141	12/11	11/9	16.153798	11/9	11/8	25.635219	11/8
11/10	7.672377	10/9	16/13	16.714768	11/9	18/13	26.196189	7/5
21/19	8.056622	10/9	21/17	17.011291	5/4	25/18	26.444262	7/5
10/9	8.481421	9/8	26/21	17.192512	5/4	32/23	26.584138	7/5
19/17	8.954669	9/8	5/4	17.962841	5/4	7/5	27.085692	7/5
28/25	9.122850	9/8	24/19	18.805771	5/4	24/17	27.760440	7/5
9/8	9.481421	9/8	19/15	19.029070	14/11			

N. B. **Pour** avoir les logarithmes des renversements des intervalles compris dans cette table, il suffit de retrancher les logarithmes de ces derniers de 55.797683, qui est le logarithme acoustique de 2.

(1) P. 29.

TABLE

DES PRODUITS BINAIRES DES CONSONNANCES ET DES DISSONNANCES INFÉRIEURES A 2 (1).

1	$\frac{6}{5}$	$\frac{5}{4}$	$\frac{4}{3}$	$\frac{3}{2}$	$\frac{8}{5}$	$\frac{5}{3}$	$\frac{9}{8}$	$\frac{8}{7}$	$\frac{7}{6}$	$\frac{9}{7}$	$\frac{7}{5}$	$\frac{10}{7}$	$\frac{14}{9}$	$\frac{12}{7}$	$\frac{7}{4}$	$\frac{16}{9}$
$\frac{5}{3}$	1	★	$\frac{9}{8}$	$\frac{5}{4}$	$\frac{4}{3}$	$\frac{7}{5}$	★	★	★	★	$\frac{7}{6}$	$\frac{6}{5}$	$\frac{9}{7}$	$\frac{10}{7}$	★	$\frac{3}{2}$
$\frac{8}{5}$	★	1	★	$\frac{6}{5}$	$\frac{9}{7}$	$\frac{4}{3}$	$\frac{16}{9}$	★	★	★	$\frac{9}{8}$	$\frac{8}{7}$	$\frac{5}{4}$	★	$\frac{7}{5}$	$\frac{10}{7}$
$\frac{3}{2}$	$\frac{16}{9}$	★	1	$\frac{9}{8}$	$\frac{6}{5}$	$\frac{5}{4}$	$\frac{5}{3}$	$\frac{12}{7}$	$\frac{7}{4}$	★	★	★	$\frac{7}{6}$	$\frac{9}{7}$	★	$\frac{4}{3}$
$\frac{4}{3}$	$\frac{8}{5}$	$\frac{5}{3}$	$\frac{16}{9}$	1	★	$\frac{9}{8}$	$\frac{3}{2}$	★	$\frac{14}{9}$	$\frac{12}{7}$	★	★	★	$\frac{8}{7}$	$\frac{7}{6}$	$\frac{6}{5}$
$\frac{5}{4}$	$\frac{3}{2}$	$\frac{14}{9}$	$\frac{5}{3}$	★	1	★	$\frac{7}{5}$	$\frac{10}{7}$	★	$\frac{8}{5}$	$\frac{7}{4}$	$\frac{16}{9}$	★	★	★	$\frac{9}{8}$
$\frac{6}{5}$	$\frac{10}{7}$	$\frac{3}{2}$	$\frac{8}{5}$	$\frac{16}{9}$	★	1	$\frac{4}{3}$	★	$\frac{7}{5}$	$\frac{14}{9}$	$\frac{5}{3}$	$\frac{12}{7}$	★	★	★	★
$\frac{16}{9}$	★	$\frac{9}{8}$	$\frac{6}{5}$	$\frac{4}{3}$	$\frac{10}{7}$	$\frac{3}{2}$	1	★	★	$\frac{8}{7}$	$\frac{5}{4}$	$\frac{9}{7}$	$\frac{7}{5}$	★	$\frac{14}{9}$	$\frac{8}{5}$
$\frac{7}{4}$	★	★	$\frac{7}{6}$	★	$\frac{7}{5}$	★	★	1	★	$\frac{9}{8}$	★	$\frac{5}{4}$	★	$\frac{3}{2}$	★	$\frac{14}{9}$
$\frac{12}{7}$	★	★	$\frac{8}{7}$	$\frac{9}{7}$	★	$\frac{10}{7}$	★	★	1	$\frac{10}{9}$	$\frac{6}{5}$	★	$\frac{4}{3}$	★	$\frac{3}{2}$	★
$\frac{14}{9}$	★	★	★	$\frac{7}{6}$	$\frac{5}{4}$	$\frac{9}{7}$	$\frac{7}{4}$	$\frac{16}{9}$	$\frac{9}{5}$	1	★	$\frac{9}{8}$	$\frac{6}{5}$	$\frac{4}{3}$	★	$\frac{7}{5}$
$\frac{10}{7}$	$\frac{12}{7}$	$\frac{16}{9}$	★	★	$\frac{8}{7}$	$\frac{5}{3}$	$\frac{8}{5}$	★	$\frac{5}{3}$	★	1	★	$\frac{9}{8}$	★	$\frac{5}{4}$	$\frac{9}{7}$
$\frac{7}{5}$	$\frac{5}{3}$	$\frac{7}{4}$	★	★	$\frac{9}{8}$	$\frac{7}{6}$	$\frac{14}{9}$	$\frac{8}{5}$	★	$\frac{16}{9}$	★	1	★	$\frac{6}{5}$	★	$\frac{5}{4}$
$\frac{9}{7}$	$\frac{14}{9}$	$\frac{8}{5}$	$\frac{12}{7}$	★	★	★	$\frac{10}{7}$	★	$\frac{3}{2}$	$\frac{5}{3}$	$\frac{16}{9}$	★	1	$\frac{10}{9}$	$\frac{9}{8}$	$\frac{8}{7}$
$\frac{7}{6}$	$\frac{7}{5}$	★	$\frac{14}{9}$	$\frac{7}{4}$	★	★	★	$\frac{4}{3}$	★	$\frac{3}{2}$	★	$\frac{5}{3}$	$\frac{9}{5}$	1	★	★
$\frac{8}{7}$	★	$\frac{10}{7}$	★	$\frac{12}{7}$	★	★	$\frac{9}{7}$	★	$\frac{4}{3}$	★	$\frac{8}{5}$	★	$\frac{16}{9}$	★	1	★
$\frac{9}{8}$	$\frac{4}{3}$	$\frac{7}{5}$	$\frac{3}{2}$	$\frac{5}{3}$	$\frac{16}{9}$	★	$\frac{5}{4}$	$\frac{9}{7}$	★	$\frac{10}{7}$	$\frac{14}{9}$	$\frac{8}{5}$	$\frac{7}{4}$	★	★	1

(1) P. 50.

MÉLODIE ,

Sur les notes de la Gamme enharmonique , composée par M. Populus pour l'orgue à quarts de ton de M. Vincent (1).

Nota. Le signe ⟋ indique que la note , qui en est affectée , est baissée d'un quart de ton.

(1) P. 67.

MÉLODIE

Composée avec les notes du tétracorde enharmonique des Grecs, et appliquée par M. Vincent, de l'Institut, à la première Strophe de l'Ode cinquième du premier livre d'Horace (1).

Le signe × indique que la note qui en est affectée est haussée d'un quart de ton.

(1) P. 70.

TABLE DES MATIÈRES.

INTRODUCTION.

Exposé des faits musicaux constatés par l'expérience.   V

CHAPITRE PREMIER.

Principes fondamentaux.   21

CHAPITRE DEUXIÈME.

Genres musicaux sans notes sensibles.   37

CHAPITRE TROISIÈME.

Genres musicaux a notes sensibles.   55

Musique des anciens Grecs.   55-70
Tons du Plain-Chant.   70-71
Gamme chantée européenne et moderne.   71-72
Gamme majeure, gamme mineure ascendante.   *Ibid.*
Observation sur le *ré* de la gamme chantée.   72-73
Des diézes et des bémols dans cette gamme.   73
Gamme tempérée suivant la méthode du tempérament égal.   73-74
Gammes de moins de sept tons.   74

CHAPITRE QUATRIÈME.

De l'harmonie.   75

Des accords et de leurs renversements.   75-78
Préparation des accords dissonnants et de la quarte juste.   78-80
Résolution des accords dissonnants.   80-82
Emploi des accords dissonnants sans préparation, et en particulier de l'accord de septième de dominante.   82-83
Gamme propre à l'harmonie.   83
Des dièzes et des bémols dans cette gamme.   84
Enchaînement des accords par *quarts* de ton.   *Ibid.*
Emploi, dans l'harmonie, de la gamme du tempérament égal.   85

Conclusion.   87

Table des intervalles correspondants aux nombres impairs, 3, 5, 7, 9... 25, avec leurs logarithmes acoustiques et leurs mesures.   97
Table des produits binaires des consonnances et des dissonnances inférieures à 2.   99
Mélodie, sur les notes de la Gamme enharmonique, composée par M. Populus pour l'orgue à quarts de ton de M. Vincent.   101
Mélodie composée avec les notes du tétracorde enharmonique des Grecs et appliquée par M. Vincent, de l'Institut, à la première Strophe de l'Ode cinquième du premier livre d'Horace.   103

FIN DE LA TABLE.

www.ingramcontent.com/pod-product-compliance
Ingram Content Group UK Ltd.
Pitfield, Milton Keynes, MK11 3LW, UK
UKHW031841170726
13836UKWH00004B/1814